Mohd. Sadique Shaikh Anwar

Wizja następnego poziomu w sztucznej inteligencji

AF547533

Mohd. Sadique Shaikh Anwar

Wizja następnego poziomu w sztucznej inteligencji

Modelowanie koncepcji zaawansowanej SI w pojedynczej próbie

Wydawnictwo Bezkresy Wiedzy

Imprint
Any brand names and product names mentioned in this book are subject to trademark, brand or patent protection and are trademarks or registered trademarks of their respective holders. The use of brand names, product names, common names, trade names, product descriptions etc. even without a particular marking in this work is in no way to be construed to mean that such names may be regarded as unrestricted in respect of trademark and brand protection legislation and could thus be used by anyone.

Cover image: www.ingimage.com

This book is a translation from the original published under ISBN 978-613-9-46114-1.

Publisher:
Wydawnictwo Bezkresy Wiedzy
is a trademark of
Dodo Books Indian Ocean Ltd., member of the OmniScriptum S.R.L Publishing group
str. A.Russo 15, of. 61, Chisinau-2068, Republic of Moldova Europe
Printed at: see last page
ISBN: 978-620-0-54271-7

Copyright © Mohd. Sadique Shaikh Anwar
Copyright © 2020 Dodo Books Indian Ocean Ltd., member of the OmniScriptum S.R.L Publishing group

Wizja następnego poziomu w sztucznej inteligencji

Modelowanie zaawansowanej koncepcji SI w pojedynczej próbie...

Prof. (Dr.) Md. Sadique Shaikh

B.Sc. (ES), M.Sc. (ES), M.Tech. (IT),

D.B.M, P.G.D.M. (EM), M.B.A. (HRM),

M.B.A. (Marketing), M.Phil (Zarządzanie), DMS (IMM), Ph.D. (Mgmt.)

Instytut Zarządzania i Nauki (IMS)

Sakegaon-Bhusawal, M.S., Indie

Dedykowany do…… ...

Moja matka **"Shahenaaz Parvin"**

Moja żona **"Safeena Sadique Shaikh"**

Mój kochający syn **"Md. Nameer Shaikh"**

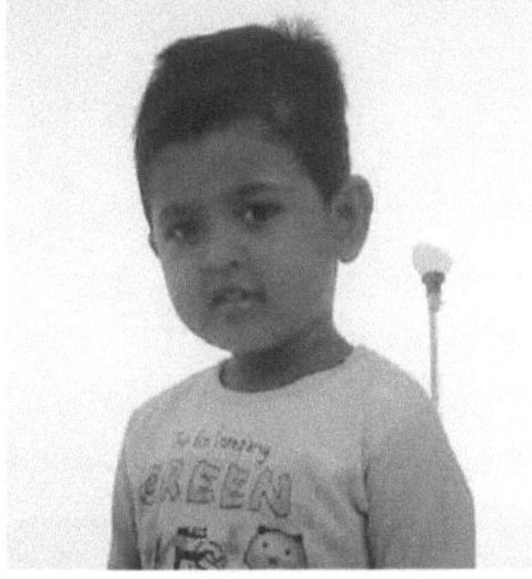

Mój kochający syn "**Md. Shadaan Shaikh**"

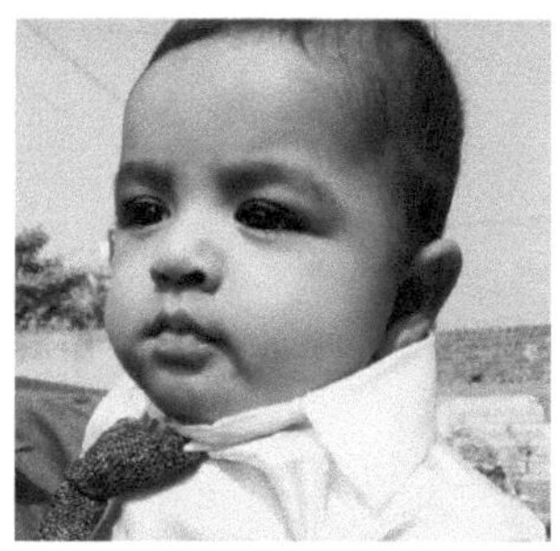

Dedykowany moim bliskim przyjaciołom

"Tanveer Sayyed"

"Jyoti Firke"

"Ritashri Chaudhari"

Treść

Odcinek pierwszy: Definiowanie wirtualnej robotyki humanoidalnej z modelowaniem 8

Odcinek drugi: Definiowanie Inteligencji Cyborgów dla Domen Medycznych i Super Ludzkich 13

Odcinek trzeci: Podstawy inżynierii dla robotyki medycznej 16

Odcinek czwarty: Wgląd Sztuczne do Cyborga Modelowanie Inteligencji 21

Odcinek piąty: Wprowadzenie modelowania uczenia się przez głęboki umysł 27

Odcinek szósty: Inżynieria ultra sztucznej inteligencji (UAI) do kontroli, wykrywania i korygowania przemocy w robotach w Humanoid 32

Odcinek siódmy: Inżynieria sztucznej inteligencji dla wdrożenia technologii Cyborg 37

Odcinek ósmy: Modelowanie Mózgu Bionicznego dla Robotyki Humanoidalnej 42

Odcinek dziewiąty: Definiowanie implementacji ultraszybkiej sztucznej inteligencji (UAI) przy użyciu bionicznych (biologiczno-podobnych do elektroniki) technik inżynierii mózgu 47

Odcinek dziesiąty: Wgląd w Robotykę inspirowaną Bio 53

Odcinek jedenasty: Komunikat w sprawie "Robotycznego systemu wsparcia medycznego (RMSS)". 58

Odcinek Dwunasty: Definiowanie Robotycznej Chirurgii Satelitarnej przy użyciu IoT 62

Odcinek Trzynasty: Opinia w sprawie nanobotyki, nanonauki i nanotechnologii jako nanomedycyny dla przyszłych praktyk medycznych 65

Odcinek czternasty: Wgląd w modelowanie komunikacji między mózgiem a mózgiem, między mózgiem a humanoidami i między mózgiem a przedmiotami przy użyciu Cyborga i Internetu przedmiotów 67

Odcinek piętnasty: Samodzielna inteligencja zmian wymiarowych (SDI) Modelowanie w zastosowaniach lotniczych i kosmicznych 71

Odcinek siedemnasty: Wgląd w modelowanie Całkowitej Międzyplanetowej Inteligencji Awionicznej (TIAI) dla inżynierii statków kosmicznych 75
Odcinek osiemnasty: Modelowanie inhalacji w oparciu o A.I dla rozwoju zaawansowanych systemów podtrzymywania życia 78
Odcinek Nineteen: Biznes w sztucznej inteligencji 81
Odcinek dwudziesty: Sztuczna Inteligencja: Inteligentne przejście ludzkości do przejścia od typu 0 do typu 1/2 Cywilizacja we wszechświecie 84
Odcinek dwudziesty jeden: Definiowanie sztucznej inteligencji kwantowej (Q.A.I) 90
Odcinek 22: Sztuczna inteligencja i wyjątkowość w Horyzoncie Przyszłości 94

Odcinek pierwszy: Definiowanie wirtualnej robotyki humanoidalnej z modelowaniem

Nie mam wątpliwości, że Wirtualne roboty humanoidalne (VHR) są ostatecznym poziomem sztucznej inteligencji, które zmieniają scenariusz świata i technologii ludzkich, byłoby to możliwe do zastosowania we wszystkich dziedzinach technologii o wspólnym czynniku Ultra sztucznej inteligencji (UAI) znikają i pojawiają się zdolności w jakikolwiek sposób, które pobudzić do naszej cywilizacji z typu 0 do typu 1 cywilizacji co najmniej i byłby pierwszym krokiem do konkurowania z technologią Obcych, jeśli istnieją (tylko hipoteza). Chciałbym zdefiniować termin Virtual Humanoid Robotics (VHR) jako **"jest to Humanoid Robotics z UAI i ma możliwość przejścia z trybu fizycznego do wirtualnego przez dowolny mechanizm aktywacji trybu wewnętrznego (Humanoid Self-Control) lub zewnętrznego (Human-Control)"**. VHR to technologia przyszłości, która będzie wykorzystywać energię słoneczną (lub kosmiczną), Internet przedmiotów (IoT) z RFID USN, Bigdata oraz mechanizm samouczenia się i leczenia. Teraz chciałbym wygenerować na waszych oczach przyszłą utopię z początkowym modelowaniem terminu VHR w tym krótkim komunikacie.

Słowa kluczowe: Humanoidalna Robotyka, Bioniczny Mózg, UAI, Wirtualna Humanoidalna Robotyka, Teleportowanie Robotów.

Modelowanie do VHR:

1) **VHR-Basic Engineering Model:**

W moim pierwszym modelu "VHR-Basic Engineering" pokazałem, że musimy tam rozszerzyć nasz podstawowy inżynierski aspekt Humanoidów do domeny Wirtualnej Robotyki Humanoidalnej. Stąd model podzielony na dwie szerokie komory jako Komora Humanoidalna i dający możliwość wirtualizacji komory wirtualnej. Jak możemy analizować z modelu dla udanego budowania humanoidów potrzebujemy zaawansowanego sprzętu robotyki humanoidalnej, który łączy się z Mózgiem Bionicznym jako podobny do mimiki ludzkiego mózgu w postaci UAI, który dalej kaskaduje do zaawansowanego Humanoidalnego Systemu Operacyjnego i interfejsów komunikacyjnych. Po udanej inżynierii pierwszego segmentu udało się zbudować fizyczny humanoidalny, ale do następnego poziomu, tj. do konwersji fizycznego humanoidalnego na wirtualny i z powrotem z wirtualnego do fizycznego nie musimy modyfikować sprzętu, ale zdecydowanie trzeba dać rozszerzenie do istnienia. Stąd też komora wirtualizacyjna pokazuje to w modelu. Komora wirtualizacyjna posiada dwa funkcjonalne bloki umożliwiające inżynierię jednostek transferowych trybów od zaawansowanego fizycznego do wirtualnego oraz inżynierię interfejsów światło/projektowanie/optyczne/teleportowe.

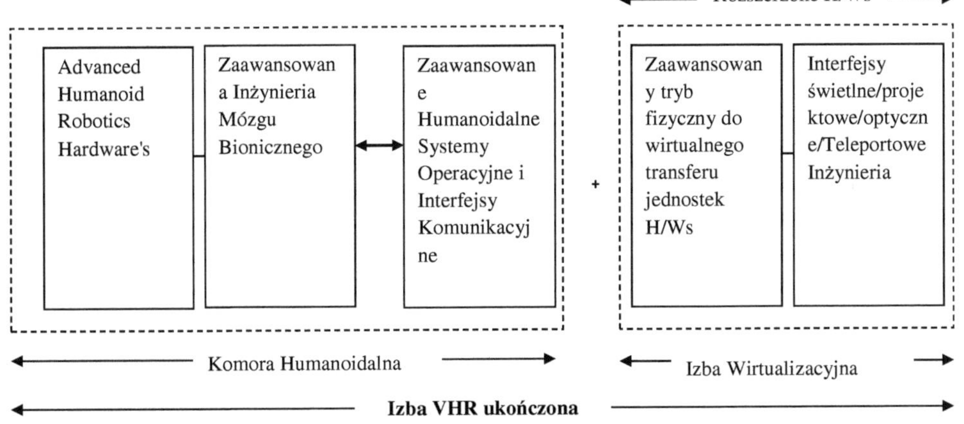

Źródło: Prof. Md. Sadique Shaikh

2) Przełączanie między trybami fizycznymi a wirtualnymi Model:

Mój drugi celowy model "Physical-to-Virtual Mode Switch" jest jednym z podstawowych modeli inżynierskich VHR, innymi słowy może powiedzieć rozszerzenie i szczegółową dyskusję na temat komory wirtualizacyjnej drugiej części mojego pierwszego modelu. Jego jasne i czytelne przedstawienie koncepcji na schemacie modelowym rozważałem trzy różne możliwe tryby tj. M1, M2 i M3, które w przyszłości mogą być zwiększane wraz z postępem technologicznym i nowymi metodami wirtualizacji. Tryb M1 ma najwyższy priorytet do wdrożenia VHR, gdzie sam sprzęt humanoidalny ma możliwość pojawiania się i znikania z samokontrolą (Internal Control), która jest tylko hipotezą w tej chwili. Drugi tryb M2 ma możliwość i drugi priorytet Teleportation i badań loteryjnych prowadzonych w tym trybie M2 przez kilku wysokiej klasy uniwersytetów i instytucji naukowych. Ostatni tryb M3 jest najłatwiejszy, ale niezadowalający tam, gdzie inżynier wirtualizujący wykorzystuje rzeczywistość wirtualną i rozszerzoną.

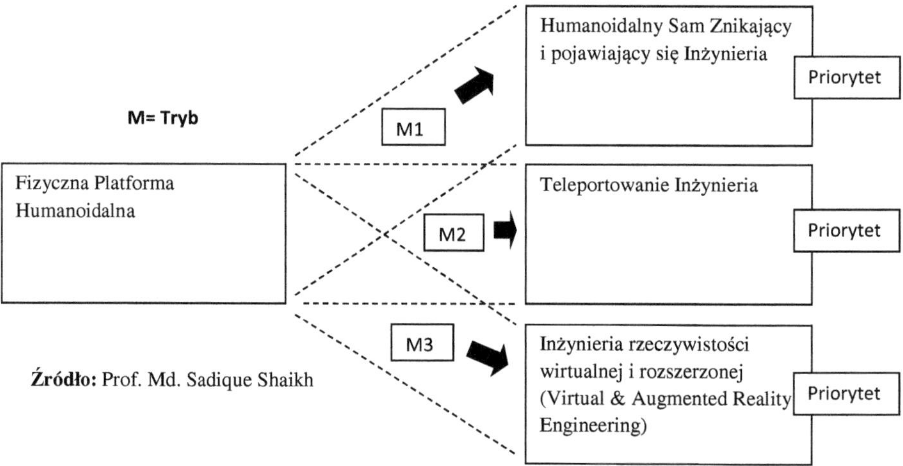

Źródło: Prof. Md. Sadique Shaikh

Wniosek:

Omówiłem dwa modele i z ich pomocą staram się nauczyć jednego z obiecujących i zmieniać świat przyszłej technologii "Virtual Humanoid Robotics", gdzie Humanoid nie tylko wydaje się być jak człowiek w najbliższej przyszłości, ale także będzie miał możliwość Avatar sam. Byłoby to bardzo pomocne przy wysyłaniu humanoidów praktycznie w głębokiej przestrzeni kosmicznej, na gwiazdy i planety, aby zrozumieć wszechświat dokładnie za pomocą teleportacji lub wewnętrznego mechanizmu humanoidalnego. VHR również najwyższy poziom SI może spowodować przesunięcie rasy ludzkiej na planecie Ziemia z cywilizacji typu 0 do cywilizacji typu 1, jak pokazano w filmach science fiction.

Podziękowanie

Chciałbym przypisać tę pracę mojej kochającej żonie Safeenie Khan, moim aniołom Md. Nazwisko Shaikh, Md. Shadaan Shaikh i mój bliski przyjaciel Tanveer Sayyed.

Referencje

1) Md. Sadique Shaikh, "Analysis and modeling of Strong A.I to engineer BIONIC brain for humanoidal robotics application" w American Journal of Embedded System and Applications, Published by Science Publishing Group, October 2013, vol.1, No.2, doi:10.11648/ajesa.20130102.11, New York, America (U.S.A.)(papier dostępny pod adresem URL:www.sciencepublishinggroup.com/j/ajesa).

2) Md. Sadique Shaikh, "Ultra Artificial Intelligence (UAI)": Redefing AI fir New Research Dimension" w Advanced Robotics & Automation (ARA), OMICS International, Londyn, kwiecień 2017, Pgs.1-3, ISSN No: 2168-9695, Vol. 6, Issue. 2, DOI: 10.4172/2168-9695.100063. (Dokument dostępny online pod adresem URL: www.omicsonline.com

3) Md. Sadique Shaikh, "Fundamental Engineering for Brain-Computer Interfacing (BCI)": Initiative for Neuron-Command Operating Devices" in Computational Biology and Bioinformatics (CBB), SciencePG, U.S.A., listopad 2017, Pgs. 50-56, Vol. 5, No. 4, DOI: 10.11648/j.cbb.201770504.12, (Dokument dostępny na stronie internetowej: www.sciencepublishinggroup/j/cbb)

4) Md. Sadique Shaikh, Definiowanie ultra sztucznej inteligencji (UAI) wdrażania przy użyciu bionicznych (biologiczno-podobna-elektronika) wgląd w inżynierii mózgu. *MOJ App Bio Biomech.* 2018;2(2):127–128. DOI: 10.15406/mojabb.2018.02.00054

5) Panna Sadique Shaikh. Modelowanie Inteligencji Sztucznej do Cyborga. Arch Ind Engg: 1(1): 1- 5.

6) "Artificial Intelligence Engineering for Cyborg Technology Implementation" w "Robotics & Automation Engineering Journal", Robot Automot Eng J. 2018; 3(1): 555604, U.S.A. (dokument dostępny na stronie https://juniperpublishers.com/).

7) "Inżynierskie spojrzenie na humanoidalne emocje robotów i przemoc w odniesieniu do "Błędu systemu 1378" w Robocie Automatyki Eng J 3(2): RAEJ.MS.ID.5555610 (2018), USA

8) "Defining Cyborg Intelligence for Medical and Super-Human Domains" in Trends in Technical & Scientific Research, Volume 2 Issue 3 - July 2018, Trends Tech Sci Res. 2018; 2(3): 555588. Pgs. 001-002 (dostępny na stronie https://juniperpublishers.com/)

9) "Ultra sztuczna inteligencja (UAI) - inżynieria kontroli przemocy w robotyce, wykrywania i środków naprawczych" w International Robotics & Automation Journal, Int Rob Auto J. 2018; 4(4):242-243, DOI: 10.15406/iratj.2018.04.00129, (dostępny pod adresem http://medcraveonline.com).

10) Md. Sadique S, Shabeena K. Przedstawia DeepMind Learning Modeling. Adv Rob Mec Eng 1(1)- 2018. ARME.MS.ID.000101. (Dostępny pod adresem www.lupinepublishers.us)

Odcinek drugi: Definiowanie Inteligencji Cyborgów dla Domen Medycznych i Super Ludzkich

Najpierw dowiesz się, co to jest Cyborg? Jest to organizm, który posiada zarówno organiczne ("naturalne" GOD made) i cybernetyczne ("maszyna" Electro-Mechanical Artificial and Man Made) części zaprojektowane, wdrożone i połączone kaskadowo w ludzkim ciele dla Biologicznej pomocy medycznej lub do zmiany zwykłych ludzkich potencjałów, zdolności i inteligencji do poziomu super lub ultra mocy. Innymi słowy, kiedy ludzie stają się Cyborgiem, są częścią człowieka i częścią maszyny. Poniższy wykres pozwala na dokładne poznanie

Wywiad Cyborg	
Domena medyczna	**Domena Super Power**
Udzielenie pomocy i umożliwienie wyłączenia neutralnej części ciała za pomocą Cybermatic Parts.	Aby wzmocnić słabą lub normalną część za pomocą Cybermatic dla super siły, która nie jest możliwa z

Źródło: Prof. Md. Sadique Shaikh

W powyższym modelu podzieliłem dalej Cyborg Intelligence na dwie domeny: Medical Domain i Super Power Domain. Pierwsza domena Cybernetyka jest potrzebna, ale druga domena jest całkowicie pożądana przez ludzkość, aby dać wyjątkowe zdolności ciała i umysłu. W dziedzinie medycyny teraz dni projektowania i inżynierii w procesie, aby dać następny zaawansowany poziom do Sztuczne kończyny, stawy, kręgosłup, nogi, palce, ręce, ramiona, itp. albo zastąpić wyłączyć naturalne organy lub wspierać słabe organy ludzkiego ciała. Gdzie, jak w drugiej domenie Super Power swoje pragnienie ludzkości, aby przekształcić swoje naturalne organy z dodatkową zwykłą moc, wzrok, inteligencję, ruchy z wdrażania cybernetyki organicznych jak trzecie elektroniczne oko z tyłu głowy dla tylnego widzenia dodatkowe zdolności wraz z przodu naturalne i normalne zdolności sztuczne nogi do tyłu i do przodu i mózg-komputer Interfejsy (BCI) dla ultra wysokiej inteligencji z połączeniem Inteligencja Naturalna (NI Bóg stworzył) ze sztuczną inteligencją (AI człowiek stworzył) itp. dla pomyślnego wdrożenia technologii Cyborg musi wymagać zaawansowanych i precyzyjnych inżynierii bionicznej. Możemy zdefiniować termin Bionic jako "przydatność metod biologicznych, funkcji, procedur i systemu do interfejsu lub naśladowania elektronicznie". Termin Bionic ukuty przez Jacka E. Steele'a w 1958 roku. Jest to bardzo rozległe pole do prowadzenia dobrych badań nad połączeniem urządzeń bionicznych i bionicznych w celu udoskonalenia robotyki medycznej. Dla Bionic inżynierii systemowej doskonały kompromis Biologiczny i elektroniczny system wymagane i mogą być uzyskane z połączeniem sztucznych schematów nerwowych z biologicznych schematów nerwowych. Jak na mój silny obszar badawczy w "Bionic Brain" od siedmiu lat muszę powiedzieć, że jest to jedyna dziedzina robotyki, która kieruje uwagę na poprawę stanu zdrowia. Z pracy nad "Neuron - Command Operating Devices", gdzie zobaczył pod przeszedł przez kilka doskonałych referencji, które mogą być wykorzystane przez młodych badaczy, aby przejrzeć i wznowić swoje badania w tej dziedzinie. Przy użyciu NCOD kilka sztucznych części może być zsynchronizowanych z częściami biologicznymi i koordynować pracę dla prawidłowego funkcjonowania ciała, gestów, postawy, ruchów i interpretacji. Korzystanie z tego obiektu nie tylko część może zastąpić, ale również dodatkowe części mogą być realizowane w celu zapewnienia ludzkich ultra inteligencji urządzeń, takich jak bioniczne oczy, ucho i dodatkowe moduły sztucznego mózgu. Cyborg to kolejna możliwość w medycznych, jak i super sztucznych domenach mocy. Cyborg "**Cybernetyczny** organizm" to istota posiadająca zarówno organiczne jak i biomechatroniczne części ciała, za pomocą których człowiek może zwiększyć swoją moc we wszystkich środkach i gałęzią nauki jest "Cyborgologia".

Wniosek:

Za pomocą tego krótkiego komunikatu starałem się zrozumieć, jakie parametry inżynieryjne i kroki są ważne i gdzie należy zmienić z rutynowej inżynierii AI dla wdrożenia technologii Cyborg w domenach medycznych i Super power z dyskusją.

Potwierdzenie:

Jestem naprawdę wdzięczny mojej żonie Safeenie Shaikh za jej moralne wsparcie mojego syna Md. Nameer Shaikh dla jego miłości, która utrzymuje mnie świeże z nowymi pomysłami i mój bliski przyjaciel Tanvir Sayyed dla jej pozytywne wsparcie ze mną i moim motywatorem Dr. B.N.Gupta dla jego stałego wsparcia.

Referencje:

1. NSF/WE Porozumienie w sprawie współpracy w dziedzinie technologii informatycznych - Warsztaty badań strategicznych IST-1999-12077

2. Md. Sadique Shaikh, "Analysis and modeling of Strong A.I to engineer BIONIC brain for humanoidal robotics application" w American Journal of Embedded System and Applications, Published by Science Publishing Group, October 2013, vol.1, No.2, doi:10.11648/ajesa.20130102.11, New York, America (U.S.A.)(papier dostępny pod adresem URL:www.sciencepublishinggroup.com/j/ajesa)

3. Md. Sadique Shaikh, "Ultra Artificial Intelligence (UAI)": Redefing AI fir New Research Dimension" w Advanced Robotics & Automation (ARA), OMICS International, Londyn, kwiecień 2017, Pgs.1-3, ISSN No: 2168-9695, Vol. 6, Issue. 2, DOI: 10.4172/2168-9695.100063. (Dokument dostępny online pod adresem URL: www.omicsonline.com

4. Md. Sadique Shaikh, "Fundamental Engineering for Brain-Computer Interfacing (BCI)": Initiative for Neuron-Command Operating Devices" in Computational Biology and Bioinformatics (CBB), SciencePG, U.S.A., listopad 2017, Pgs. 50-56, Vol. 5, No. 4, DOI: 10.11648/j.cbb.201770504.12, (Dokument dostępny na stronie internetowej: www.sciencepublishinggroup/j/cbb)

5. Md. Sadique Shaikh, Definiowanie ultra sztucznej inteligencji (UAI) wdrażania przy użyciu bionicznych (biologiczno-podobna-elektronika) wgląd w inżynierii mózgu. *MOJ App Bio Biomech.* 2018;2(2):127–128. DOI: 10.15406/mojabb.2018.02.00054

Odcinek trzeci: Podstawy inżynierii dla robotyki medycznej

Streszczenie

Robotyka medyczna stała się bardzo zaawansowaną dziedziną medycyny, która sprawia, że długie i skomplikowane operacje i operacje chirurgiczne stają się łatwym zadaniem, zapewniając komfort i szybką ulgę dla ludzkiego ciała. Obecnie Robotyka Medyczna nie tylko ogranicza się do operacji i operacji, ale również stała się bardzo przydatna w przeszczepach narządów i wdrażaniu Cyborga w / z ludzkiego ciała, aby umożliwić niepełnosprawnym części ciała lub dać super moc do zwykłego ciała. W niniejszym komunikacie omówiono kilka kluczowych pojęć z zakresu robotyki medycznej, takich jak bionic, Cyborg itp., a także omówiono dwa modele o nazwie "Bionic Engineering Model i Medical Robotics Engineering Essentials Model".

Słowa kluczowe: Robotyka medyczna, Cyborg, Bionic, NCOD

1. Robotyka medyczna:

Robotyka medyczna obejmuje szereg urządzeń stosowanych w chirurgii, szkoleniach medycznych, terapii rehabilitacyjnej, protetyce i pomocy osobom niepełnosprawnym.

2. Bioniczny:

BIONICS to wspólny termin dla technologii informatycznych inspirowanych biologicznie, obejmujący zazwyczaj trzy rodzaje systemów, a mianowicie:

- bio-morficzne (np. neuromorficzne) i bio-inspirowane urządzenia elektroniczne/optyczne,
- autonomiczne, sztuczne protezy sensory-procesory-aktywatory i różne urządzenia wbudowane w ludzki organizm, oraz
- sztuczne symbiozy interaktywne, np. urządzenia sterowane przez mózg lub roboty.

Pomimo pewnego restrykcyjnego użycia terminu "bionika" w kulturze popularnej, jak również niespełnionych obietnic w dziedzinie sieci neuronowych, sztucznej inteligencji, soft computing i innych "wyprzedanych" obszarów, uzgodniono, że nazwa *"bionika"*, jak zdefiniowano powyżej, jest właściwa dla powstającej technologii określanej również jako "bio-inspirowana technologia informacyjna" (niektórzy sugerują *info-bionika*). Istnieje wiele programów w kilku agencjach finansujących, które wspierają część tej dziedziny pod różnymi innymi nazwami [1,5].

3. Model inżynierii bionicznej:

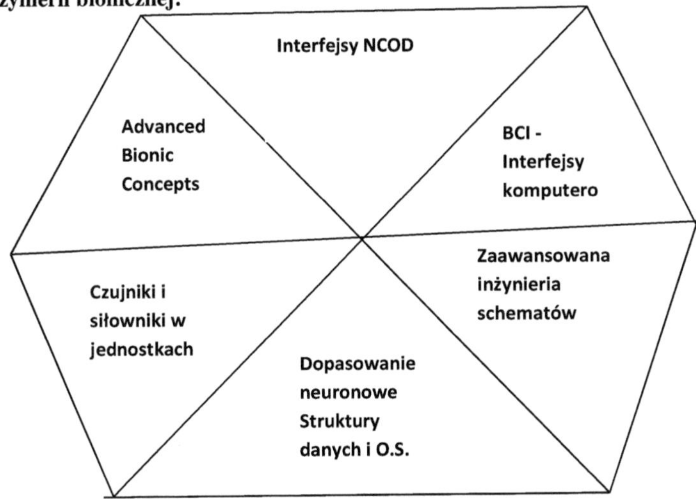

Źródło: Prof. Md. Sadique Shaikh

Rysunek 1: Model inżynierii bionicznej

W mojej komunikacji lubię uczyć rzeczy najpierw jest to, co Bionic i jak jego otworzyć kilka nowych ścieżek w dziedzinie robotyki medycznej, a po tym, co jest niezbędne do inżynierii medycznych robotów z wystawieniem dwóch modeli. Mój pierwszy model to model Bionic Engineering podzielony na sześć kryteriów inżynierskich: zaawansowane koncepcje bioniczne, interfejsy NCOD, interfejsy BCI, zaawansowana inżynieria schematów neuronowych, struktury danych dopasowania neuronowego oraz O.S i czujniki i siłowniki z mocowaniem do ciała. Pierwsza dziedzina oparta na ogólnej biologii mózgu, badaniach nad naturalną inteligencją (N.I), a także na tym, jak za pomocą teorii neurobiologii przekształcić się w sztuczną. Drugi segment skupia uwagę na tym, jak inżynier Neuron Command Operating Devices (NCOD) z jono-elektronową komunikacją do/z organizmu do/z robotyki medycznej, części Cyborg i Bionic. Trzecie kryterium dotyczy tego, jak połączyć wszystkie automatyczne zespoły medyczne i roboty chirurgiczne z precyzyjną kontrolą, dokładnością, współrzędnymi, ruchami, czasem, ciśnieniem i innymi parametrami z koordynacją ludzkiego mózgu i komputerem (Electronic Brain). Kolejnym założeniem dla inżynierii jest projektowanie i opracowywanie efektywnych i wydajnych schematów neuronowych. Dla schematów neuronowych potrzebujemy również schematów mapowanych struktur danych i systemu operacyjnego do obsługi całego procesu medycznego z wykorzystaniem bionowych i najlepiej dopasowanych struktur danych rozwijać. Do sterowania i kontroli wszystkich czujników wejściowych, przetworników, sond i siłowników wyjściowych, silników i membran muszą być zaprojektowane zgodnie z NCOD.

4. Podstawy inżynierii medycznej robotyki:

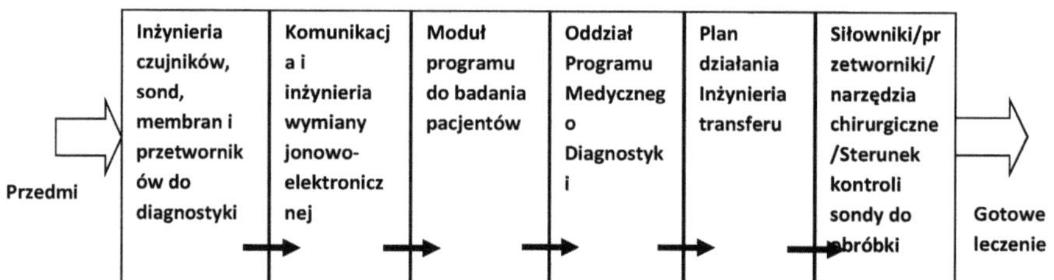

Źródło: Prof. Md. Sadique Shaikh

Rysunek-2: Inżynieria medyczna Model podstawowy

Jest to drugi ważny model oznaczony jako Medical Robotics Engineering model. Celem skonstruowania tego modelu nie jest nauczenie Cię robotyki medycznej z powikłaniami, ale pokazanie Ci, jak w prosty sposób możesz w prosty sposób planować inżynierię skomplikowanych systemów robotyki medycznej. Model ten składa się z 6 segmentów. Segment

1 zajmuje się inżynierią sensorów, sond, membran i przetworników do diagnostyki oraz rygorystycznym projektowaniem i rozwojem. Druga komora zajmuje się komunikacją jonowo-elektroniczną i inżynierią wymiany, gdzie inżynier musi bardzo poważnie zastanowić się nad tym, w jaki sposób tworzą się interfejsy biologiczno-elektroniczne dla prawidłowego dowodzenia i sygnalizacji. Trzecim segmentem jest program badań pacjentów i poważna inżynieria tutaj do wykrywania chorób i podobnie jak diagnostyka medyczna. Dalsza alternatywa dla jednostki programu medycznego do diagnostyki jest tutaj możliwa do zaprojektowania i zaprogramowania alternatywnego leczenia. Po wykryciu choroby, strategia leczenia z wykorzystaniem robotów medycznych projektują i rozwijają w Action Plan Transfer Engineering. W końcu w czasie obróbki medycznej kilka czujników, siłowników, sond, narzędzi chirurgicznych, przetworników współpracuje ze sobą, stąd potrzeba dokładnej inżynierii na etapie szóstym.

Wniosek:

Muszę powiedzieć, że robotyka medyczna jest bardzo ważnym przedmiotem prób i ma wiele możliwości badawczych, które są nie tylko w zakresie postępu, ale także w zakresie dobrostanu człowieka. Omówiłem dwa modele, jeden dla domeny Bionic, a drugi dla sposobu, w jaki robotyka medyczna może być inżynierem i wdrożeniem. W tej dziedzinie silnymi kandydatami badawczymi są również "Cyborg" i "Bionic" wraz z regularnymi badaniami, które otwierają kilka nowych ścieżek.

Potwierdzenie:

Jestem naprawdę wdzięczny mojej żonie Safeenie Shaikh za jej moralne wsparcie mojego syna Md. Nameer Shaikh dla jego miłości, która utrzymuje mnie świeże z nowymi pomysłami i mój bliski przyjaciel Tanvir Sayyed dla jej pozytywne wsparcie ze mną i do mojego motywatora Dr.B.N.Gupta.

Referencje:

1. NSF/WE Porozumienie w sprawie współpracy w dziedzinie technologii informatycznych - Warsztaty badań strategicznych IST-1999-12077

2. Md. Sadique Shaikh, "Analysis and modeling of Strong A.I to engineer BIONIC brain for humanoidal robotics application" w American Journal of Embedded System and Applications, Published by Science Publishing Group, October 2013, vol.1, No.2, doi:10.11648/ajesa.20130102.11, New York, America (U.S.A.)(papier dostępny pod adresem URL:www.sciencepublishinggroup.com/j/ajesa)

3. Md. Sadique Shaikh, "Ultra Artificial Intelligence (UAI)": Redefing AI fir New Research Dimension" w Advanced Robotics & Automation (ARA), OMICS International, Londyn, kwiecień 2017, Pgs.1-3, ISSN No: 2168-9695, Vol. 6, Issue. 2, DOI: 10.4172/2168-9695.100063. (Dokument dostępny online pod adresem URL: www.omicsonline.com

4. Md. Sadique Shaikh, "Fundamental Engineering for Brain-Computer Interfacing (BCI)": Initiative for Neuron-Command Operating Devices" in Computational Biology and Bioinformatics (CBB), SciencePG, U.S.A., listopad 2017, Pgs. 50-56, Vol. 5, No. 4, DOI: 10.11648/j.cbb.201770504.12, (Dokument dostępny na stronie internetowej: www.sciencepublishinggroup/j/cbb)

5. Md. Sadique Shaikh, Definiowanie ultra sztucznej inteligencji (UAI) wdrażania przy użyciu bionicznych (biologiczno-podobna-elektronika) wgląd w inżynierii mózgu. *MOJ App Bio Biomech.* 2018;2(2):127–128. DOI: 10.15406/mojabb.2018.02.00054

Odcinek czwarty: Wgląd Sztuczne do Cyborga Modelowanie Inteligencji

Streszczenie: Sztuczna Inteligencja odgrywa dziś kluczową rolę w codziennych zmianach i ułatwia ludzkie życie, ale bardziej niż Inteligencja Cyborg, gdzie zamiast maszyn, ludzkość jest w stanie stworzyć ekstremalnie potężną maszynę, wdrażając i łącząc sztuczne/bionowe części z ich biologicznymi organami i tymi, które pracują razem. Dlatego też pokazałem w mojej krótkiej komunikacji, jak można przejść dla Cyborg Intelligence od sztucznej inteligencji i jakie są wspólne cechy i czym różnią się od siebie umiejętności inżynieryjne.

Słowa kluczowe: Sztuczna Inteligencja, Humanoid, Bionic, Cyborg, Cyborg Inteligencja.

1. Wprowadzenie:

Ponieważ ludzie żyją dłużej, rośnie zapotrzebowanie na dostępność narządów do przeszczepów, jednak niedobór dawców powoduje konieczność opracowania sztucznych rozwiązań alternatywnych dla grypy ptaków, często nazywanych "bionicznymi". Postępy w medycynie doprowadziły do dostępności sztucznej krwi, stawów zastępczych, zastawek serca i maszyn sercowo-płucnych, które są powszechnie wszczepiane za pomocą sztucznej inteligencji dla organów bionicznych. Jednym z podstawowych i utylitarnych celów badań nad sztuczną inteligencją jest rozwój maszyn o inteligencji podobnej do ludzkiej. Od początku istnienia grypy ptaków jako dziedziny nauki poczyniono duże postępy. Jeden z dominujących paradygmatów badawczych w sztucznej inteligencji opiera się na założeniu, że różne aspekty ludzkiej inteligencji mogą być opisane i zrozumiane na tyle dobrze, że mogą być symulowane przez programy komputerowe za pomocą inteligentnych ram reprezentacyjnych i ogólnych mechanizmów rozumowania. Teraz ma miejsce fuzja Biologiczne istoty i systemy komputerowe mają pewne wspólne podstawy fizyczne. Komunikacja zarówno w biologicznych układach nerwowych, jak i systemach komputerowych, na przykład, zależy od sygnałów elektrycznych. Jednak przepaść między tymi dwoma klasami bardzo różnych systemów jest oczywista i stanowi pomost z "Cyborg Intelligence".

Ponieważ badacze i praktycy mylą Bionic/AI z Cyborgiem, pozwólcie mi wyjaśnić w ostatniej próbie. Jak już mówiłem, Bionic to funkcje biologiczne, metody, systemy i procedury naśladujące elektronicznie połączenie neuronów, ale Cyborg to kolejna możliwość w domenie Robotyki Medycznej. Cyborg "**Cybernetyczny organizm**" to istota posiadająca zarówno organiczne jak i biomechatroniczne części ciała, za pomocą których człowiek może zwiększyć swoją moc we wszystkich środkach i gałęzią nauki jest "Cyborgologia".

2. Modelowanie:

2.1. Model zmiany inżynieryjnej:

Jest to mój pierwszy interesujący model o nazwie "Engineering Shift Model" i z pomocą tego modelu chciałbym omówić, w jaki sposób kwestie inżynieryjne Cyborg Intelligence (C.I) różnią się w porównaniu do sztucznej inteligencji (AI). W modelu tym przedstawiam dwie geometrie jako prostokąt mający cztery inżynieryjne rogi A1, A2, A3 i A4 reprezentujące inżynierię AI oraz Diament wewnątrz prostokąta mający cztery kwadranty B1, B2, B3 i B4 reprezentujące inżynierię CI. Model ten nie tylko wyświetla problemy, ale także sposób, w jaki zmieniają się wymagania inżynieryjne związane z mapowaniem z AI na CI z liniami strzałek A1 do B1, A2 do-B2, A3 do-B3 i A4 do-B4. Na studiach A1 w dziedzinie neuronauki należy naśladować sztuczną inteligencję elektronicznie, ale na studiach B1 wraz z neuronauką należy badać biologię i anatomię człowieka w celu właściwego rozwoju i wdrożenia Cyborg Intelligence. W B2 inżynieria jest potrzeba projektowania interfejsów do nawiązania łączności elektronicznej z elektronami, ale w B2 zmiana paradygmatu i potrzeba projektowania interfejsów do nawiązania łączności elektronicznej z biologiczną i odwrotnie między organami biologicznymi i części elektronicznych z wymiany jonów - elektronów. W A3 inżynieria przetwarzania sterowania musi projektować, aby sterować całą SI elektronicznie, ale w B3 sytuacja jest inna - trzeba przeprowadzić inżynierię sterowania i przetwarzania dla SI kontrolowanej przez NI. Stało się tak tylko dlatego, że stosunek Master-Salve inżynierii w A4 zmienił się w B4. Na A4 w AI sam Mistrz inteligencji kupić w B4 kaskady Sztucznej Inteligencji z Naturalnej Inteligencji (Biological Brain) stąd NI stają się inteligencją mistrzowską i AI stają się inteligencją niewolniczą w kwestiach inżynieryjnych wdrażania technologii Cyborg.

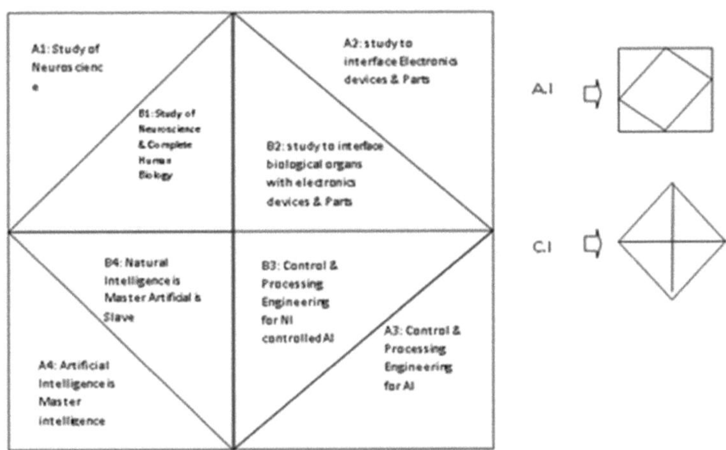

Source: Prof. Md. Sadique Shaikh

Rysunek 1: Model zmiany inżynieryjnej

2.2. Model Inżynierii Równoległej:

Jest to mój drugi model oznaczony jako "Model Inżynierii Równoległej", gdy ma miejsce fuzja inżynierii AI i CI. Jako wyświetlanie w modelu dwóch równoległych torów z czterema poziomami dokładności Upside dla inżynierii AI z L1, L2, L3 i L4, gdzie w dół dla inżynierii CI z L1', L2', L3' i L4' odpowiednio. W L1 inżynierii przetwarzania obrazu rozważono i nieznacznie zmieniono w przypadku CI w L1' jako potrzebę inżynierii przetwarzania obrazu i synchronizacji biologicznej. W L2 Natural Language Processing analiza, projektowanie i rozwój są kwestiami, które są rozszerzone jako NLP z Artificial Language Processing (ALP) musi być potrzebne, ponieważ nie tylko człowiek do komputera, ale komputer do człowieka kod maszynowy musi być kodowany i dekodowany przez biologiczny mózg. W L3 inżynieria jest niezbędna do projektowania interfejsów elektronicznych i jednocześnie w L3' Biologiczno-Elektronicznych interfejsów projektowania dla rozkazów i sygnalizacji jonów-elektronów do komunikacji. W końcu poziom L4 w AI elektronicznie urządzenia do obsługi poleceń muszą być inżynierem, ale w CI w L4' Neuron Command Operating Devices (Patrz mój papier ref.5) NCOD musi inżynierem.

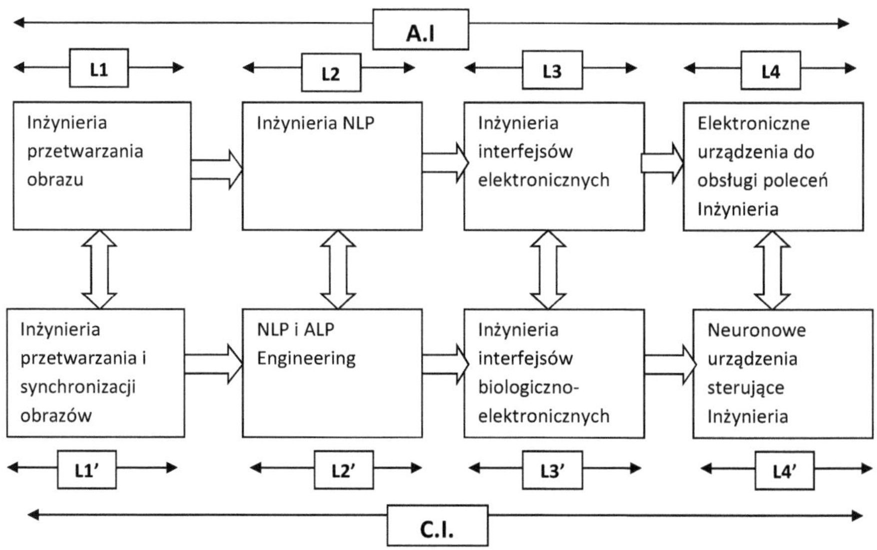

Źródło: Prof. Md. Sadique Shaikh

Rysunek 2: Model Inżynierii Równoległej

3. Wniosek:

W niniejszym komunikacie omówiłem z pomocą dwóch modeli, jak modelowanie i przesunięcie inżynieryjne i różne od Sztucznej do Cyborg Intelligence z omówieniem modelu przesunięcia inżynieryjnego i dla fuzji równoległego modelu inżynieryjnego uzyskać wgląd. Cyborg Intelligence w przyszłości ma ogromny zakres i wciąż pozostaje kilka faktów i liczb do zebrania i opracowania w terenie. CI w przyszłości zapewnić zdolność do ludzkości do przetrwania i życia w przestrzeni i podróży dla różnych planet, jak pokazano w hollywoodzkich filmów, ale nadal potrzebują dużo badań w dziedzinie CI.

4. Potwierdzenie:

Jestem naprawdę wdzięczny mojej żonie Safeenie Shaikh za jej moralne wsparcie mojego syna Md. Nameer Shaikh dla jego miłości, która utrzymuje mnie świeże z nowymi pomysłami i mój bliski przyjaciel Tanvir Sayyed dla jej pozytywne wsparcie ze mną i moim motywatorem Dr. B.N.Gupta dla jego stałego wsparcia.

Referencje:

1. NSF/WE Porozumienie w sprawie współpracy w dziedzinie technologii informatycznych - Warsztaty badań strategicznych IST-1999-12077

2. Md. Sadique Shaikh, "Analysis and modeling of Strong A.I to engineer BIONIC brain for humanoidal robotics application" w American Journal of Embedded System and Applications, Published by Science Publishing Group, October 2013, vol.1, No.2, doi:10.11648/ajesa.20130102.11, New York, America (U.S.A.)(papier dostępny pod adresem URL:www.sciencepublishinggroup.com/j/ajesa)

3. Md. Sadique Shaikh, "Ultra Artificial Intelligence (UAI)": Redefing AI fir New Research Dimension" w Advanced Robotics & Automation (ARA), OMICS International, Londyn, kwiecień 2017, Pgs.1-3, ISSN No: 2168-9695, Vol. 6, Issue. 2, DOI: 10.4172/2168-9695.100063. (Dokument dostępny online pod adresem URL: www.omicsonline.com

4. Md. Sadique Shaikh, "Fundamental Engineering for Brain-Computer Interfacing (BCI)": Initiative for Neuron-Command Operating Devices" in Computational Biology and Bioinformatics (CBB), SciencePG, U.S.A., listopad 2017, Pgs. 50-56, Vol. 5, No. 4, DOI: 10.11648/j.cbb.201770504.12, (Dokument dostępny na stronie internetowej: www.sciencepublishinggroup/j/cbb)

5. Md. Sadique Shaikh, Definiowanie ultra sztucznej inteligencji (UAI) wdrażania przy użyciu bionicznych (biologiczno-podobna-elektronika) wgląd w inżynierii mózgu. *MOJ App Bio Biomech.* 2018;2(2):127–128. DOI: 10.15406/mojabb.2018.02.00054

6. www.cs.cmu.edu/~tanja/BCI/BCIreview.pdf

7. www.eng.ucy.ac.cy/cpitris/courses/ECE370/presentations/English/08. BCIs_EN.pdf

Odcinek piąty: Wprowadzenie modelowania uczenia się przez głęboki umysł

Streszczenie

Od 2010 roku badacze i inżynierowie Google & Uber są zaangażowani w projekt DeepMind z zarejestrowaną firmą w Wielkiej Brytanii i USA DeepMind. Google używał "DeepMind learning" do wdrożenia technologii DeepMind. Możemy zobaczyć wyniki nauczania DeepMind z przykładów na żywo Google Assistance, Google Echo- Smart Speaker i Google home assistance, Google AI-God i AI Church, Amazon Alexa, Amazon echo, Apple Siri. Google jest jednym z silnych graczy w technologii nauczania DeepMind, ale dwóch głównych graczy również Amazon i Apple po Google. Technologia ta przynosi następną falę w przyszłości około 2029 roku, ale także psuje ludzką etykę, gdy SI stała się czymś więcej niż tylko ludzką inteligencją. Ten krótki komunikat omawiał fundamentalny aspekt związany z projektowaniem i inżynierią DeepMind za pomocą modelu.

Słowa kluczowe: DeepMind, Super-AI, Ultra-AI, Bionic Brain.

Wprowadzenie

Uczenie się DeepMind to zmiana technologiczna w większym stopniu niż SI, ponieważ SI jest zaprogramowaną inteligencją, podczas gdy technologia DeepMind uczy się i programuje poprzez doświadczenia zdobyte w środowisku i aktualizuje swoją wiedzę jak ludzki mózg z więcej niż szybszą niż ludzki mózg.DeepMind uczenie się jest SI Głębokie egzekwowanie do inżyniera Super-AI lub Ultra-AI. Bioniczny Mózg i Humanoid są tego doskonałym i przełomowym przykładem. Niniejszy artykuł przedstawia przejrzysty model, który pomaga nowym uczestnikom w nauce w zakresie DeepMind i DeepMind. W DeepMind uczenie się technicznie wykorzystuje głębokie uczenie się na konwulsyjnej sieci neuronowej.

Modelowanie

DeepMind Learning Engineering Model (DLEM) Poniższy rysunek przedstawia DLEM z dalszym omówieniem wszystkich jego poziomów. Model ten został podzielony na dwie części o takim samym znaczeniu jak moduł podstawowy oprogramowania i moduł podstawowy sprzętu z dalszą segmentacją na trzy części każdej z nich. Zarówno moduły, jak i ich podmoduły mają jeszcze większą głębię dla inżynierii DeepMind. Nie pokazuję tutaj szczegółowo aspektów technicznych, ale chciałbym pokazać kierunek inżynierii z DLEM.

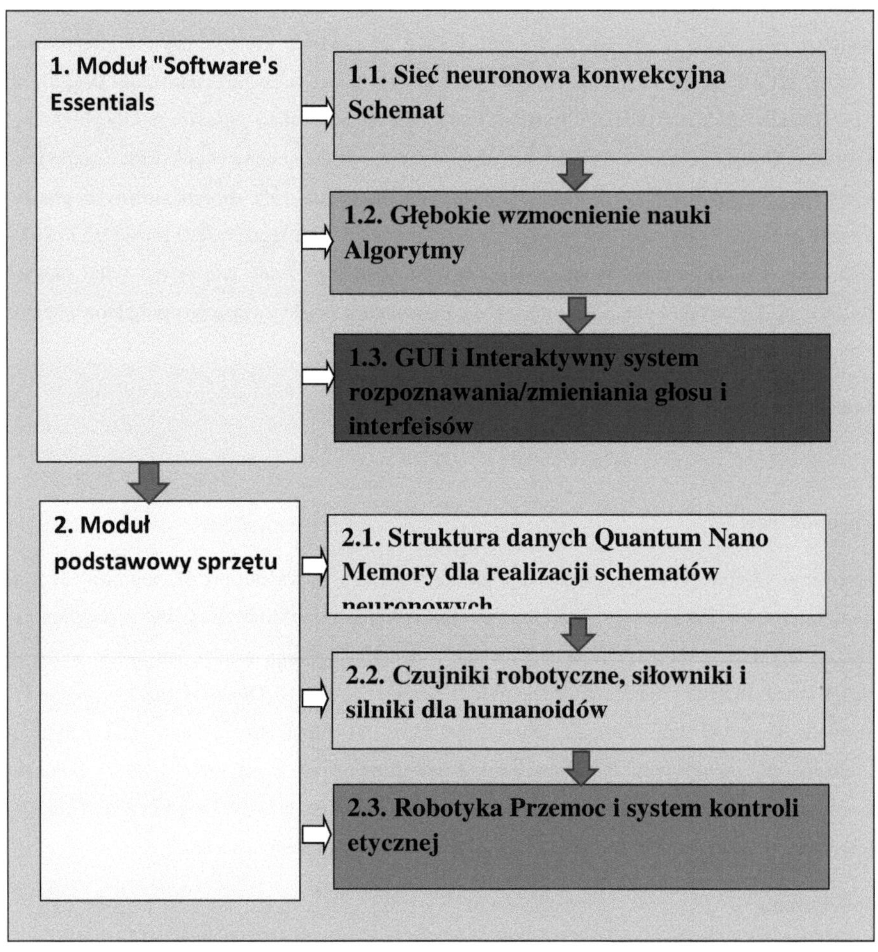

Wyraźnie pokazuje on w powyższym modelu oba moduły muszą być zaprojektowane indywidualnie, ale muszą być w pełni interaktywne i odpowiednie dla siebie, aby pokazać inteligencję podobną do ludzkiej lub bardziej podobną do ludzkiej z odpowiednim Avatarem i wyglądem. Podstawowy moduł oprogramowania posiada trzy ważne obszary inżynieryjne: Schematy sieci neuronowej Convolution, Algorytmy głębokiego uczenia się wzmocnienia, GUI i Interaktywne rozpoznawanie/zmienianie głosu i system interfejsów oraz Podstawowy moduł sprzętowy posiada strukturę danych Quantum Nano Memory dla realizacji schematów neuronowych, Czujniki Robotyczne, Siłowniki i Silniki dla Humanoidów, System Kontroli Przemocy Robotycznej i Etyki. W module oprogramowania Convolution Neuronowe schematy konwulsyjne muszą być zaprojektowane w taki sposób, aby były zdolne i zdolne do samodzielnego programowania i uczenia się, w algorytmach DeepMind superinteligentne procedury i projektowanie procesów, aby pasowały do schematów neuronowych systemu samodzielnego uczenia się, podczas gdy przy użyciu Human-Like GUI, rozpoznawania głosu, interakcji i wymiany poleceń głosowych i odpowiedzi głosowych możliwe do / z robotów DeepMind. Druga ważna potrzeba modelowania jest sprzętowy niezbędny moduł, gdzie Quantum Nano Memory Data struktura projektu i wykonane dla Implementacji schematów neuronowych z ultra wysoką prędkością przetwarzania to możemy powiedzieć DeepMind i schematów neuronowych w nim uczynić go żywym z super lub ultra AI może powiedzieć Bionic Brain. Kolejna faza inżynierii jest precyzyjne czujniki, siłowniki i silniki inżynierii dla ludzi jak ruchy i wygląd w humanoidalnych. Ostatnia faza inżynierii jest najważniejszym aspektem, jak wspomniałem Google opracował AI-God i Kościół, które niestabilne naturalne przekonania człowieka i pewnego dnia może być DeepMind AI jak to uczynił ich własnej religii AI i etyki, które byłyby szkodliwe dla ludzkości, dlatego też konieczne jest precyzyjne Robotics Violence & Ethics Control System, aby uratować człowieka od przemocy robotyki.

Wniosek

W powyższym komunikacie omówiłem DeepMind, jego koncepcje z aktualnymi przykładami i przy użyciu Modelu DLEM wyjaśniłem, jak można przeprowadzić inżynierię DeepMind. Omówiłem dwa ważne aspekty inżynieryjne z dalszym rozwojem, a także skupiłem się na tym, jak ważna jest przemoc robotyczna i system kontroli etyki.

Podziękowanie

Chciałbym przypisać tę pracę mojej kochającej żonie, Safeenie Khan, mojemu aniołowi Md. Nameer Shaikh i mój bliski przyjaciel Tanveer Sayyed, jak również nasz dyrektor Dr.B.N.Gupta.

Referencje

1) Md. Sadique Shaikh, "Analysis and modeling of Strong A.I to engineer BIONIC brain for humanoidal robotics application" w American Journal of Embedded System and Applications, Published by Science Publishing Group, October 2013, vol.1, No.2, doi:10.11648/ajesa.20130102.11, New York, America (U.S.A.)(papier dostępny pod adresem URL:www.sciencepublishinggroup.com/j/ajesa).

2) Md. Sadique Shaikh, "Ultra Artificial Intelligence (UAI)": Redefing AI fir New Research Dimension" w Advanced Robotics & Automation (ARA), OMICS International, Londyn, kwiecień 2017, Pgs.1-3, ISSN No: 2168-9695, Vol. 6, Issue. 2, DOI: 10.4172/2168-9695.100063. (Dokument dostępny online pod adresem URL: www.omicsonline.com

3) Md. Sadique Shaikh, "Fundamental Engineering for Brain-Computer Interfacing (BCI)": Initiative for Neuron-Command Operating Devices" in Computational Biology and Bioinformatics (CBB), SciencePG, U.S.A., listopad 2017, Pgs. 50-56, Vol. 5, No. 4, DOI: 10.11648/j.cbb.201770504.12, (Dokument dostępny na stronie internetowej: www.sciencepublishinggroup/j/cbb)

4) Md. Sadique Shaikh, Definiowanie ultra sztucznej inteligencji (UAI) wdrażania przy użyciu bionicznych (biologiczno-podobna-elektronika) wgląd w inżynierii mózgu. *MOJ App Bio Biomech.* 2018;2(2):127–128. DOI: 10.15406/mojabb.2018.02.00054

5) Panna Sadique Shaikh. Modelowanie Inteligencji Sztucznej do Cyborga. Arch Ind Engg: 1(1): 1- 5.

6) "Artificial Intelligence Engineering for Cyborg Technology Implementation" w "Robotics & Automation Engineering Journal", Robot AutomEng J. 2018; 3(1): 555604, U.S.A. (dokument dostępny na stronie https://juniperpublishers.com/).

7) "Inżynierskie spojrzenie na humanoidalne emocje robotów i przemoc w odniesieniu do "Błędu systemu 1378" w Robocie Automatyki Eng J 3(2): RAEJ.MS.ID.5555610 (2018), USA

8) "Defining Cyborg Intelligence for Medical andSuper-Human Domains" in Trends in Technical & Scientific Research, Volume 2 Issue 3 - July 2018, Trends Tech Sci Res. 2018; 2(3): 555588. Pgs. 001-002 (dostępny na stronie https://juniperpublishers.com/)

9) "Ultra sztuczna inteligencja (UAI) - inżynieria kontroli przemocy w robotyce, wykrywania i środków naprawczych" w International Robotics & Automation Journal, Int Rob Auto J. 2018; 4(4):242-243, DOI: 10.15406/iratj.2018.04.00129, (dostępny pod adresem http://medcraveonline.com).

Odcinek szósty: Inżynieria Ultra Sztucznej Inteligencji (UAI) dla kontroli przemocy robotycznej, wykrywania i środków naprawczych w Humanoidach

Wprowadzenie:

Jakie rodzaje relacji społecznych ludzie mogą mieć z komputerami, są takie działania, w które komputery mogą się angażować, które aktywnie wciągają ludzi w relacje z nimi. Jakie są potencjalne korzyści dla ludzi, którzy uczestniczą w tych relacjach człowiek-komputer? Aby odpowiedzieć na te pytania badacze wprowadzają teorię czynników relacyjnych, które są artefaktami obliczeniowymi przeznaczonymi do budowania i utrzymywania długoterminowych, społeczno-emocjonalnych relacji z ich użytkownikami. Mogą to być czysto programowe animowane środki humanoidalne - rozwinięte w tej pracy, ale mogą też być niehumanoidalne lub wcielone w różne formy fizyczne, od robotów, przez zwierzęta domowe, po biżuterię, ubrania, ręczne i inne interaktywne urządzenia. Kluczowe dla pojęcia relacji jest to, że jest to trwała konstrukcja, obejmująca wiele interakcji; dlatego też Agenci Relacyjni są wyraźnie zaprojektowane, aby zapamiętać przeszłą historię i zarządzać przyszłymi oczekiwaniami w ich interakcjach z użytkownikami. Wreszcie, relacje są zasadniczo społeczne i emocjonalne, a szczegółowa wiedza o ludzkiej psychologii społecznej ze szczególnym naciskiem na rolę afektu - musi być włączona do tych czynników, jeśli mają one skutecznie wykorzystać mechanizmy ludzkiego poznania społecznego w celu budowania relacji w sposób jak najbardziej naturalny. Ludzie budują relacje przede wszystkim poprzez użycie języka, a przede wszystkim w kontekście rozmowy twarzą w twarz. Wcielone środki konwersacyjne - antropomorficzne postacie komputerowe, które naśladują doświadczenie rozmowy twarzą w twarz - stanowią podłoże dla tej pracy, a więc działania relacyjne dostarczane przez teorię będą przede wszystkim specyficznymi rodzajami werbalnych i niewerbalnych zachowań konwersacyjnych wykorzystywanych przez ludzi do negocjowania i utrzymywania relacji. Ten artykuł jest również zamierzony, jeśli poziom Sztucznej Inteligencji osiągnie ponad Naturalną Inteligencję (Inteligencja Ludzka), co by się stało, jeśli Błąd Systemu 1378 (Błąd AI usterki) wystąpi któregoś dnia .tj. przemoc robotów z powodu emocji podobnych do ludzkich w Robocie/Humanoid.

Słowa kluczowe: Humanoid, Robotics Emotions, Robotics Violence, System Error 1378

Modelowanie:

Pokazuję tutaj, jak możemy w przyszłości zaprojektować Humanoida, aby uchronić go przed przemocą z obecnym przykładem "Błąd systemu 1378", ale który tylko dobrze zrozumieć pojęcia wiele możliwości błędów i usterek możliwe, gdy Humanoid staje się najbardziej zaawansowanym Robotem z samouczenia się i programowania. Obecnie pracuję na etapie początkowym, aby uniknąć i rozwiązywać problemy przemocy robotycznej w humanoidach z działem doradztwa i programów osłonowych, ale możliwości, o których wspomniałem to tylko kilka z nich. Musimy wdrożyć precyzyjny system monitorowania, który domyślnie i wiecznie aktywny komponent z Humanoidalnym wykonaniem dla wszystkich zadań, aby śledzić błąd systemu 1378 i wykrywać i informować, jeśli wystąpi, jak pokazano w modelu. Jeśli błąd systemu 1378 wystąpił w przypadku przemocy robotycznej lub wojny, jaka możliwa jest inżynieria obronna, mam eksponaty z czterema "alternatywnymi" inżynieriami jak Alt-1, Alt-2, Alt-3 i Alt-4. Te zmienne aspekty inżynieryjne stają się coraz bardziej skomplikowane i wymagające, jak przejście z Alt-1 do Alt-4, jak również muszą być inżynierskie, gdy przemoc robotów w Humanoid stają się bardziej do najgorszych i wymykają się spod kontroli, aby poradzić sobie z nimi właściwie. W Alt-1 możemy zaprojektować moduły oprogramowania do sterowania przemocą robotów za pomocą programu "Counseling and Shielding", gdzie tak jak w Alt-2, tak i ja muszę zaprojektować Podprogramy, które skanują błąd systemu 1378 i dezaktywują/wyłączają moduł/część w humanoidach, które wadliwie działają i powodują przemoc robotów w Alt-3. Kiedy sytuacja jest najbardziej niebezpieczna i wymykająca się spod kontroli, to w Humanoid inżynierii z Alt-4 "autodestrukcji" program, ale nie jest to opłacalne i straty w wysokości milionów dolarów.

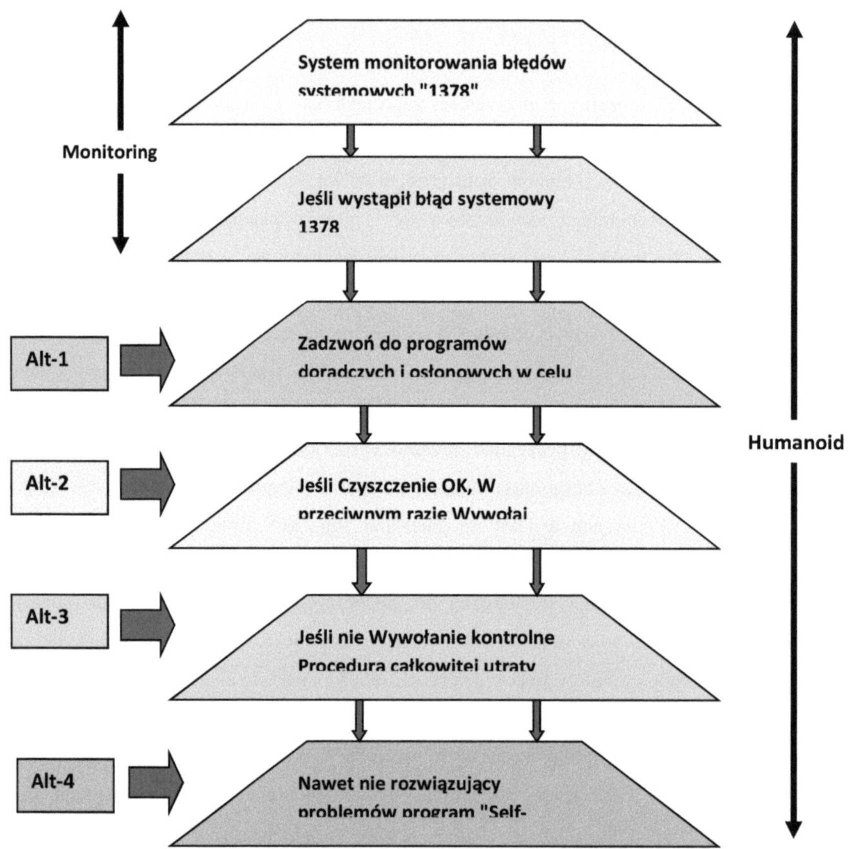

Źródło: Prof. Md. Sadique Shaikh

Wniosek:

Kiedy Sztuczna Inteligencja staje się bardzo zaawansowany i ponad ludzkiej Inteligencji Naturalnej, że dzień wydaje się być zagładą jak dni dla rasy ludzkiej, nawet można kompetentnie wziąć przykład Google uczynił Sztuczny Robot Bóg i Kościół, który przeciwko etyki człowieka, jak w temacie debaty na kilku międzynarodowych kanałów informacyjnych i można szukać w Internecie również. Dlatego też ochrona rasy ludzkiej przed robotami humanoidalnymi jest jedną z najważniejszych kwestii inżynieryjnych, w jaki sposób możemy kontrolować roboty, a roboty nie powinny być zmuszone do kontrolowania nas i ochrony planety Ziemia przed przemocą robotyczną, o czym mówiłem przy okazji modelowania. Ktoś może być podniesiony cytat jak dlaczego wspomniałem tylko rozwiązanie "Self-Destruction" jest przepis do kontroli przemocy robotów na poziomie nasycenia, ponieważ jeśli używamy wymazać schematu neuronowego nadal podstawowy moduł tożsamości bootowania musimy zainicjować humanoid ponownie, ponieważ jego AI, stąd szansa na odrodzenie się jak odrodzenie, gdzie jako automatyczne wyłączanie systemu oznacza urządzenie w trybie uśpienia, gdy jego włączenie ponownie ma taką samą inicjalizację w schematach ANN z przemocą.

Potwierdzenie:

Jestem naprawdę wdzięczny mojej żonie Safeenie Shaikh za jej moralne wsparcie mojego syna Md. Nameer Shaikh dla jego miłości, która utrzymuje mnie świeże z nowymi pomysłami i mój bliski przyjaciel Tanvir Sayyed dla jej pozytywne wsparcie ze mną i moim motywatorem Dr. B.N.Gupta dla jego stałego wsparcia.

Referencje:

1. NSF/WE Porozumienie w sprawie współpracy w dziedzinie technologii informatycznych - Warsztaty badań strategicznych IST-1999-12077

2. Md. Sadique Shaikh, "Analysis and modeling of Strong A.I to engineer BIONIC brain for humanoidal robotics application" w American Journal of Embedded System and Applications, Published by Science Publishing Group, October 2013, vol.1, No.2, doi:10.11648/ajesa.20130102.11, New York, America (U.S.A.)(papier dostępny pod adresem URL:www.sciencepublishinggroup.com/j/ajesa)

3. Md. Sadique Shaikh, "Ultra Artificial Intelligence (UAI)": Redefing AI fir New Research Dimension" w Advanced Robotics & Automation (ARA), OMICS International, Londyn, kwiecień 2017, Pgs.1-3, ISSN No: 2168-9695, Vol. 6, Issue. 2, DOI: 10.4172/2168-9695.100063. (Dokument dostępny online pod adresem URL: www.omicsonline.com

4. Md. Sadique Shaikh, "Fundamental Engineering for Brain-Computer Interfacing (BCI)": Initiative for Neuron-Command Operating Devices" in Computational Biology and Bioinformatics (CBB), SciencePG, U.S.A., listopad 2017, Pgs. 50-56, Vol. 5, No. 4, DOI: 10.11648/j.cbb.201770504.12, (Dokument dostępny na stronie internetowej: www.sciencepublishinggroup/j/cbb)

5. Md. Sadique Shaikh, Definiowanie ultra sztucznej inteligencji (UAI) wdrażania przy użyciu bionicznych (biologiczno-podobna-elektronika) wgląd w inżynierii mózgu. *MOJ App Bio Biomech.* 2018;2(2):127–128. DOI: 10.15406/mojabb.2018.02.00054

6. Panna Sadique Shaikh. Modelowanie Inteligencji Sztucznej do Cyborga. Arch Ind Engg: 1(1): 1- 5.

Odcinek siódmy: Inżynieria sztucznej inteligencji dla wdrożenia technologii Cyborg

1. Wprowadzenie:

Ponieważ ludzie żyją dłużej, rośnie zapotrzebowanie na dostępność narządów do przeszczepów, jednak niedobór dawców powoduje konieczność opracowania sztucznych rozwiązań alternatywnych dla grypy ptaków, często nazywanych "bionicznymi". Postępy w medycynie doprowadziły do dostępności sztucznej krwi, stawów zastępczych, zastawek serca i maszyn sercowo-płucnych, które są powszechnie wszczepiane za pomocą sztucznej inteligencji dla organów bionicznych. Jednym z podstawowych i utylitarnych celów badań nad sztuczną inteligencją jest rozwój maszyn o inteligencji podobnej do ludzkiej. Od początku istnienia grypy ptaków jako dziedziny nauki poczyniono duże postępy. Jeden z dominujących paradygmatów badawczych w sztucznej inteligencji opiera się na założeniu, że różne aspekty ludzkiej inteligencji mogą być opisane i zrozumiane na tyle dobrze, że mogą być symulowane przez programy komputerowe za pomocą inteligentnych ram reprezentacyjnych i ogólnych mechanizmów rozumowania. Teraz ma miejsce fuzja Biologiczne istoty i systemy komputerowe mają pewne wspólne podstawy fizyczne. Komunikacja zarówno w biologicznych układach nerwowych, jak i systemach komputerowych, na przykład, zależy od sygnałów elektrycznych. Jednak przepaść między tymi dwoma klasami bardzo różnych systemów jest oczywista i stanowi pomost z "Cyborg Intelligence".

Ponieważ badacze i praktycy mylą Bionic/AI z Cyborgiem, pozwólcie mi wyjaśnić w ostatniej próbie. Jak już mówiłem, Bionic to funkcje biologiczne, metody, systemy i procedury naśladujące elektronicznie połączenie neuronów, ale Cyborg to kolejna możliwość w domenie Robotyki Medycznej. Cyborg "**Cybernetyczny organizm**" to istota posiadająca zarówno organiczne jak i biomechatroniczne części ciała, za pomocą których człowiek może zwiększyć swoją moc we wszystkich środkach i gałęzią nauki jest "Cyborgologia".

2. Modelowanie:

2.1. Model Cyborg Analysis Design (CAD):

Jest to pierwszy model i z pomocą tego pokazu chcę wyjaśnić podstawowe kwestie analizy i projektowania dla inżynierii Cyborg. Model ten opiera się na czterech poziomach od 1 do 4, z dalszym podziałem na poszczególne etapy Domena analizy i Domena projektowania. Na pierwszym etapie badań szczegółowych należy przeprowadzić teorię neuronauki, aby przeanalizować Cyborga z zamiarem, co chcesz zaprojektować i w projektowaniu domeny interfejsów Cyborga odpowiednio. Na drugim etapie badacze muszą najpierw zbadać biologię i anatomię człowieka oraz funkcje organów biologicznych, aby połączyć i zsynchronizować je z częściami cyberprzestrzennymi, a następnie zaprojektować i odpowiednio wyprodukować urządzenia. Na trzecim etapie badań biomembran, tkanek, komórek i anatomii należy zaprojektować "komputerowe interfejsy mózgu (BCI)" z poleceniami jonów-elektronów i wymianą sygnałów w celu ustanowienia komunikacji między układem biologicznym i elektronicznym. W ostatnim etapie biopotencjał i sposób połączenia jonów z urządzeniami elektronicznymi musi zostać przekazany inżynierowi "Neuron Command Operating Devices (NCOD)". /Urządzenia cybernetyczne.

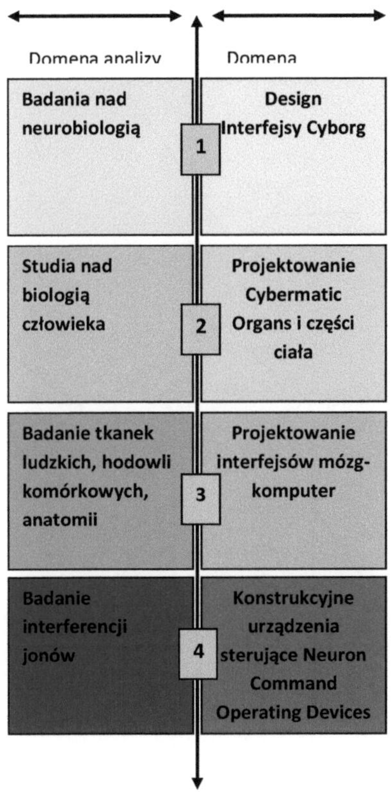

2.2. Model obsługi interfej

Źródło: Prof. Md. Sadique Shaikh

Jako kontynuacja pierwszego modelu jest to drugi model inżynierski "Cyborg Interface and Support" do wdrożenia Cyborg Intelligence. Opiera się ona na czterech kryteriach z dalszym podziałem na dwie dziedziny.

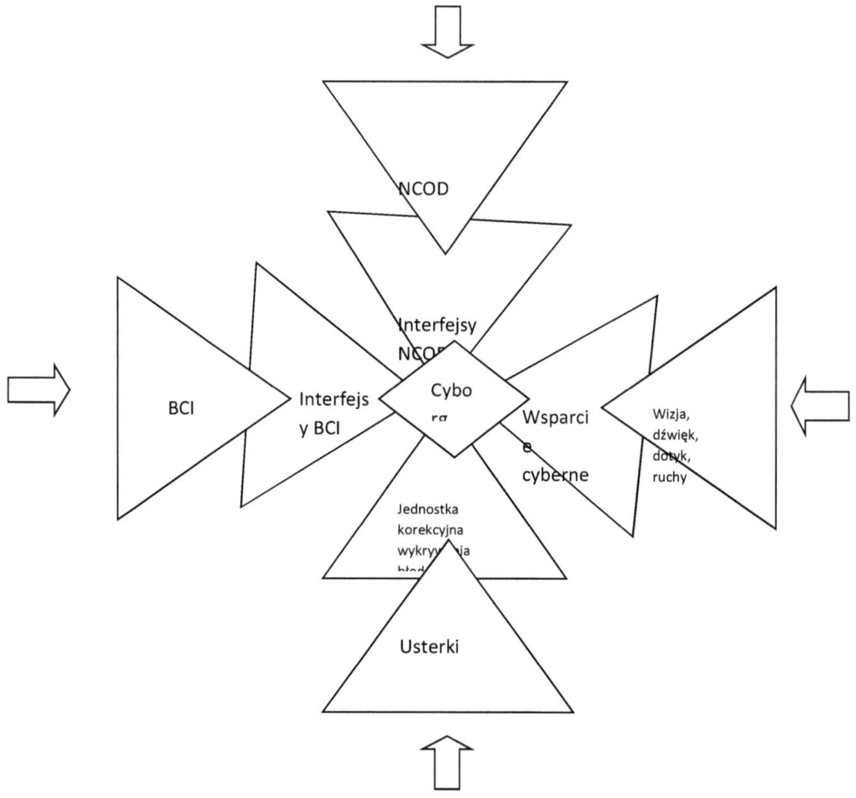

Źródło: Prof. Md. Sadique Shaikh

Zamiast sekwencyjnego jest to model losowy, ale obejmuje cztery najważniejsze kwestie projektowe, które mają na celu wdrożenie Cyborg Intelligence (CI). Musimy zaprojektować silny interfejs komputerowy Brain Computer Interface z inżynierią głębokości BCI i jak zsynchronizować system biologiczny z systemem elektronicznym w krótkim czasie precyzyjnej potrzeby inżynierii systemu. Kolejnym aspektem jest sposób projektowania Neuron Command Operating Devices (NCOD) oraz interfejs NCOD z systemem biologicznym. Kolejną ważną rzeczą jest to, jak analizować i projektować Wizję, Dźwięk, Dotyk i Ruchy z NCOD dla Cybermatic Support Engineering. Ostatnia ważna kwestia inżynierska, której nie możemy pominąć, ponieważ urządzenia Cybermatic działają 24 godziny na dobę z ludzkim ciałem wiele szans na nieprawidłowe działanie z powodu ciągłego przetwarzania, dlatego inżynieria "wykrywania i korygowania błędów" jest ważna dla ciągłej dokładnej pracy bezbłędnej.

Wniosek:

Za pomocą tej krótkiej komunikacji starałem się zrozumieć, jakie parametry i kroki inżynieryjne są ważne i gdzie należy zmienić rutynową inżynierię SI dla wdrożenia technologii Cyborg, omawiając dwa modele Cyborg Analysis Designing Model i Cyborg Interfaces Support Model w przejrzysty sposób.

Potwierdzenie:

Jestem naprawdę wdzięczny mojej żonie Safeenie Shaikh za jej moralne wsparcie mojego syna Md. Nameer Shaikh dla jego miłości, która utrzymuje mnie świeże z nowymi pomysłami i mój bliski przyjaciel Tanvir Sayyed dla jej pozytywne wsparcie ze mną i moim motywatorem Dr. B.N.Gupta dla jego stałego wsparcia.

Referencje:

1. NSF/WE Porozumienie w sprawie współpracy w dziedzinie technologii informatycznych - Warsztaty badań strategicznych IST-1999-12077

2. Md. Sadique Shaikh, "Analysis and modeling of Strong A.I to engineer BIONIC brain for humanoidal robotics application" w American Journal of Embedded System and Applications, Published by Science Publishing Group, October 2013, vol.1, No.2, doi:10.11648/ajesa.20130102.11, New York, America (U.S.A.)(papier dostępny pod adresem URL:www.sciencepublishinggroup.com/j/ajesa)

3. Md. Sadique Shaikh, "Ultra Artificial Intelligence (UAI)": Redefing AI fir New Research Dimension" w Advanced Robotics & Automation (ARA), OMICS International, Londyn, kwiecień 2017, Pgs.1-3, ISSN No: 2168-9695, Vol. 6, Issue. 2, DOI: 10.4172/2168-9695.100063. (Dokument dostępny online pod adresem URL: www.omicsonline.com

4. Md. Sadique Shaikh, "Fundamental Engineering for Brain-Computer Interfacing (BCI)": Initiative for Neuron-Command Operating Devices" in Computational Biology and Bioinformatics (CBB), SciencePG, U.S.A., listopad 2017, Pgs. 50-56, Vol. 5, No. 4, DOI: 10.11648/j.cbb.201770504.12, (Dokument dostępny na stronie internetowej: www.sciencepublishinggroup/j/cbb)

5. Md. Sadique Shaikh, Definiowanie ultra sztucznej inteligencji (UAI) wdrażania przy użyciu bionicznych (biologiczno-podobna-elektronika) wgląd w inżynierii mózgu. *MOJ App Bio Biomech.* 2018;2(2):127–128. DOI: 10.15406/mojabb.2018.02.00054

Odcinek ósmy: Modelowanie Mózgu Bionicznego dla Robotyki Humanoidalnej

Streszczenie

Bionic Brain Engineering wykorzystujący Ultra sztuczną inteligencję (UAI), podobnie jak Natural Intelligence (NI) dla Humanoida, stał się jednym z największych obszarów badawczych w dziedzinie AI i robotyki. Stąd dla ludzkiej inteligencji ludzki mózg mimiką elektronicznie silnie wymaganą nazywaną "Bioniczną" Biologiczną jak Elektroniczny Mózg z mapowaniem i inżynierią dokładnie Naturalnej Inteligencji NI (Bóg stworzył) na sztuczną inteligencję AI (człowiek stworzył). W tym kierunku opracowałem i omówiłem w tym artykule dwa modele "Bionic Diamond" i "Bionic Brain Engineering Model".

Słowa kluczowe: Bionic Brain, UAI, AI, NI, Bionic Diamond, Bionic Brain Engineering Model

1. Bioniczny:

BIONICS to wspólny termin dla technologii informatycznych inspirowanych biologicznie, obejmujący zazwyczaj trzy rodzaje systemów, a mianowicie:

- bio-morficzne (np. neuromorficzne) i bio-inspirowane urządzenia elektroniczne/optyczne,
- autonomiczne, sztuczne protezy sensory-procesory-aktywatory i różne urządzenia wbudowane w ludzki organizm, oraz
- sztuczne symbiozy interaktywne, np. urządzenia sterowane przez mózg lub roboty.

Pomimo pewnego restrykcyjnego użycia terminu "bionika" w kulturze popularnej, jak również niespełnionych obietnic w dziedzinie sieci neuronowych, sztucznej inteligencji, soft computing i innych "wyprzedanych" obszarów, uzgodniono, że nazwa "*bionika*", jak zdefiniowano powyżej, jest właściwa dla powstającej technologii określanej również jako "bio-inspirowana technologia informacyjna" (niektórzy sugerują *info-bionika*). Istnieje wiele programów w kilku agencjach finansujących, które wspierają część tej dziedziny pod różnymi innymi nazwami [1, 5].

2. Bioniczny Mózg:

Bionic Brain to skrót od "Biological-likee-Electronic" Brain with Mimic Natural Intelligence, Artificially on Silicon Chip which gives similar functioning to Humanoid (Human like Robots) like Biological Brain of human being (Patrz moja pełna praca wspomniana w odnośniku nr 2 dla głębokości).

3. Modelowanie:

3.1. Bionic Diamond:

Jest to mój pierwszy celowy model, za pomocą którego chcę zrozumieć młodym naukowcom, co jest bardzo ważne na podstawowym poziomie inżynierii w Bionic Brain for Humanoid, jak pokazano w Bionic Diamond. Opiera się ona na czterech podstawowych parametrach: inżynierii przetwarzania obrazu i percepcji, która pozwala na inżynierię ludzkich odczuć przy użyciu sztucznego poznania. Drugim jest Przetwarzanie Języka Naturalnego (NLP), podobnie jak u ludzi z właściwą interpretacją i leksykalnością. Kolejne dwa ważne aspekty to samouczenie się i inżynieria rozwoju z jednostkami zarządzania pamięcią krótko- i długoterminową.

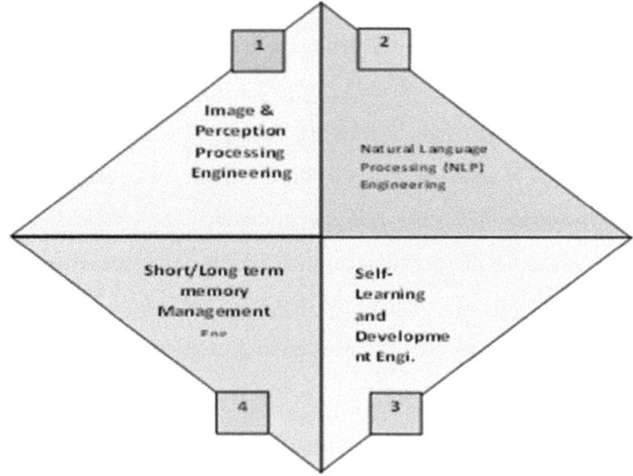

Source: Prof. Md. Sadique Shaikh

3.2. Bioniczny Model Inżynierii Mózgu:

Na powyższej wystawie przedstawiam cztery ważne dziedziny: Odczucia, Przetwarzanie, podejmowanie decyzji, wyszukiwanie, odniesienia i uruchamianie dla Bionic Brain Modeling, z podziałem na dwa pod-kryteria. Pierwszym zagadnieniem projektowym jest rozdział wrażeń jako inżynieria poznania i czujników i przetworników dla wejść biologicznych/środowiskowych z precyzyjnymi kalibracjami. Przetwarzanie jest dalej podzielone na segmenty w celu przeprowadzenia inżynierii na dwa czynniki: inteligencję i matrycę UAI-CPU, które są głównym mózgiem całego humanoida. Na trzecim poziomie podejmowania decyzji, wycofywanie, wyszukiwanie i referencje inżynierii wymagane z Long/Short term pamięci zarządzania i na początku do reagowania i działania podobne do człowieka z humanoidalnych rzeczywistej potrzeby inżynierii przy uruchamianiu z dwoma domenami Siłowniki i silniki inżynierii i zachowania i inżynierii ruchu.

Rysunek 2: Model Inżynierii Mózgu Bionicznego

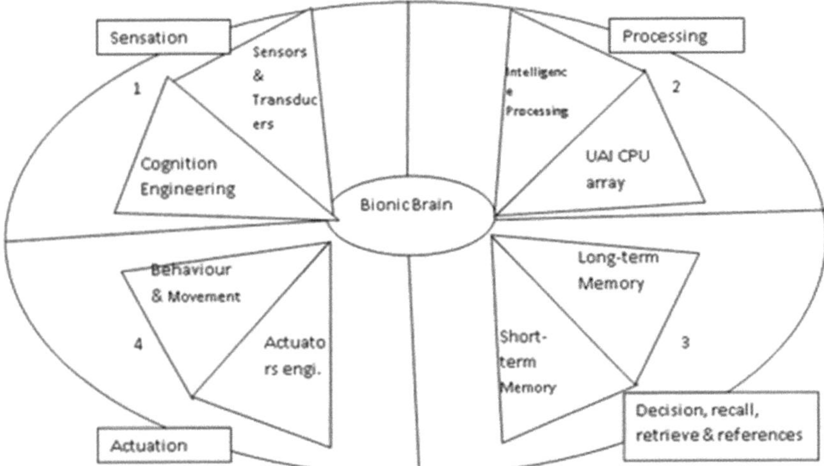

Source: Prof. Md. Sadique Shaikh

4. Wniosek:

W niniejszym artykule bardzo klarownie omówiłem sposób, w jaki możemy analizować i projektować Bionic Brain przy użyciu UAI jak NI przy pomocy Bionic Diamond i Bionic Brain Engineering Model. Ten kawałek badań byłby bardzo użyteczny dla tych, którzy chcą rozpocząć badania w kierunku Bionicznego Mózgu, Humanoidalnej i Ultra Sztucznej Inteligencji (UAI).

Potwierdzenie:

Jestem naprawdę wdzięczny mojej żonie Safeenie Shaikh za jej moralne wsparcie mojego syna Md. Nameer Shaikh dla jego miłości, która utrzymuje mnie świeże z nowymi pomysłami i mój bliski przyjaciel Tanvir Sayyed dla jej pozytywne wsparcie ze mną i moim motywatorem Dr. B.N.Gupta dla jego stałego wsparcia.

Referencje:

6. NSF/WE Porozumienie w sprawie współpracy w dziedzinie technologii informatycznych - Warsztaty badań strategicznych IST-1999-12077
7. Md. Sadique Shaikh, "Analysis and modeling of Strong A.I to engineer BIONIC brain for humanoidal robotics application" w American Journal of Embedded System and Applications, Published by Science Publishing Group, October 2013, vol.1, No.2, doi:10.11648/ajesa.20130102.11, New York, America (U.S.A.)(papier dostępny pod adresem URL:www.sciencepublishinggroup.com/j/ajesa).

8. Md. Sadique Shaikh, "Ultra Artificial Intelligence (UAI)": Redefining AI fir New Research Dimension" w Advanced Robotics & Automation (ARA), OMICS International, Londyn, kwiecień 2017, Pgs.1-3, ISSN No: 2168-9695, Vol. 6, Issue. 2, DOI: 10.4172/2168-9695.100063. (Dokument dostępny online pod adresem URL: www.omicsonline.com

9. Md. Sadique Shaikh, "Fundamental Engineering for Brain-Computer Interfacing (BCI)": Initiative for Neuron-Command Operating Devices" in Computational Biology and Bioinformatics (CBB), SciencePG, U.S.A., listopad 2017, Pgs. 50-56, Vol. 5, No. 4, DOI: 10.11648/j.cbb.201770504.12, (Dokument dostępny na stronie internetowej: www.sciencepublishinggroup/j/cbb)

10. Md. Sadique Shaikh, Definiowanie ultra sztucznej inteligencji (UAI) wdrażania przy użyciu bionicznych (biologiczno-podobna-elektronika) wgląd w inżynierii mózgu. *MOJ App Bio Biomech.* 2018;2(2):127–128. DOI: 10.15406/mojabb.2018.02.00054

11. Panna Sadique Shaikh. Modelowanie Inteligencji Sztucznej do Cyborga. Arch Ind Engg: 1(1): 1- 5.

Odcinek dziewiąty: Definiowanie implementacji ultraszybkiej sztucznej inteligencji (UAI) przy użyciu bionicznych (biologiczno-podobnych do elektroniki) technik inżynierii mózgu

1. Bioniczny:

BIONICS to wspólny termin dla technologii informatycznych inspirowanych biologicznie, obejmujący zazwyczaj trzy rodzaje systemów, a mianowicie:

- bio-morficzne (np. neuromorficzne) i bio-inspirowane urządzenia elektroniczne/optyczne,
- autonomiczne, sztuczne protezy sensory-procesory-aktywatory i różne urządzenia wbudowane w ludzki organizm, oraz
- sztuczne symbiozy interaktywne, np. urządzenia sterowane przez mózg lub roboty.

Pomimo pewnego restrykcyjnego użycia terminu "bionika" w kulturze popularnej, a także niespełnionych obietnic w dziedzinie sieci neuronowych, sztucznej inteligencji, soft computingu i innych "wyprzedanych" obszarów, uzgodniono, że nazwa "*bionika*", jak zdefiniowano powyżej, jest właściwa dla nowo powstającej technologii określanej również jako "bio-inspirowana technologia informacyjna" (niektórzy sugerują *info-bionika*). Istnieje wiele programów w kilku agencjach finansujących, które wspierają część tej dziedziny pod różnymi innymi nazwami [1].

2. Bioniczny Mózg:

Bionic Brain to skrót od "Biological-likee-Electronic" Brain with Mimic Natural Intelligence, Artificially on Silicon Chip which gives similar functioning to Humanoid (Human like Robots) like Biological Brain of human being (Patrz moja pełna praca wspomniana w odnośniku nr 2 dla głębokości).

Naukowcy zaczynają bliżej przyglądać się mechanizmom działania mózgu oraz sposobowi, w jaki się on uczy, ewoluuje i rozwija inteligencję z poczucia bycia świadomym (Aleksander,

2002). Na przykład, projektanci oprogramowania AI zaczynają współpracować z psychologami kognitywnymi i wykorzystują koncepcje kognitywistyczne. Inny przykład skupia się na pracy "łączników", którzy zwracają uwagę na architekturę komputerową, argumentując, że układ najbardziej symbolicznych programów AI jest zasadniczo niezdolny do wykazania istotnych cech inteligencji w jakimkolwiek użytecznym stopniu. Alternatywnie, łącznicy dążą do rozwoju AI w postaci szorstkich sztucznych sieci neuronowych (ANN). Opierając się na strukturze układu nerwowego, te "modele obliczeniowo-poznawcze" mają na celu pokazanie pewnej formy uczenia się i "zdrowego rozsądku" poprzez rysowanie powiązań między znaczeniami (Hsiung, 2002). ANN działają więc w sposób podobny do mózgu: w miarę napływu informacji, połączenia między węzłami przetwarzania są albo wzmacniane (jeśli nowe dowody są spójne), albo osłabiane (jeśli powiązanie wydaje się fałszywe) (Khan, 2002).pojawienie się ANN odzwierciedla podstawową zmianę paradygmatu w społeczności badawczej SI i w rezultacie takie systemy niezaprzeczalnie otrzymały wiele uwagi z opóźnieniem. Jednak niezależnie od tego, czy udało im się wzbudzić zainteresowanie, faktem jest, że ANN nie były w stanie niemalże zastąpić symbolicznej SI. Jak zauważają Grosz i Davis (1994): *Symboliczna SI wyprodukowała technologię, na której opiera się kilka tysięcy opartych na wiedzy systemów eksperckich wykorzystywanych obecnie w przemyśle.* Głównym wyzwaniem na najbliższą dekadę jest zatem znaczne rozszerzenie tego fundamentu, aby umożliwić tworzenie nowych rodzajów systemów aplikacji o wysokim stopniu oddziaływania. Drugim ważnym wyzwaniem będzie zapewnienie dalszej integracji SI z pokrewnymi obszarami badań w zakresie informatyki i innymi dziedzinami (Doyle i Dean, 1996). Na przykład, rodzaje rozwoju opisane dla nanotechnologii mogą w jakiś sposób przyspieszyć postęp w dziedzinie SI, szczególnie poprzez interfejs czujników. Z tych powodów poniższa lista głównych obszarów badawczych nie powinna być ani wyczerpująca ani jasna. W rzeczy samej, przyszłe kategoryzacje będą ponownie c

3. Modelowanie:

3.1. Model Bionic Brain Classified Engineering (BBCE):

Jest to pierwszy celowy model "Bionic Brain Classified Engineering (BBCE)", poprzez który chciałbym skupić się na głównych dziedzinach inżynierii Bionic Brain. Wystawa koncepcyjna w

BBCE-Model z klasyfikacją Bionic Brain engineering z fundamentalnym zagadnieniem, że to, co chcesz zaprojektować przy użyciu UAI. Ponieważ bardzo ważne jest, aby wiedzieć, że choć jesteś projektantem w dziedzinie Bionic Brain, punkt tutaj, aby omówić zasadniczo dwa rodzaje inżynierii Bionic Brain w obecnym scenariuszu badań możliwe, jeden jest "Mimic Bionic Brain", a drugi jest "Urodzony-dziecko jak Bionic Brain". Pierwsze z nich to badania nad Bionicznym Mózgiem prowadzone w kilku krajach, a w niektórych miejscach wykorzystywane także na poziomie początkowym, ale drugie wciąż wymagają przezwyciężenia za pomocą kilku nowych koncepcji i pomysłów inżynieryjnych, aby zbudować domenę. Ukryłem terminy Mimic Bionic Brain jak tu inżynieria SI mają miejsce do badania jakiś geniusz inteligencji przy użyciu teorii biologicznych neurobiologii i jego Naturalna Inteligencja (NI- Bóg stworzył) radził sobie elektronicznie na chipie jak sztuczna inteligencja (AI-Man stworzył), gdzie jako urodzony dziecko jak Bionic Brain byłby inżynieria rozwijać całkowicie pusty elektroniczny mózg, oczywiście podobny do ludzkiej struktury mózgu, ale nie naśladować jego rozwijać się jak nowo narodzone dziecko, które skanowane środowisko, rozwijać percepcję generować znaczenie i zapamiętać zidentyfikować wszystkie obiekty z właściwej komunikacji za pomocą wszystkich środków. I dalej omówione w moim pierwszym modelu najbardziej ogólne umiejętności inżynieryjne muszą rozwijać takie Born-Child jak Bionic Brain z omawiania sprzętu i modułów oprogramowania wymagań, jak dla Mimic Bionic Brain są zaawansowane systemy uczenia się maszyn i Mimic ANN (sztucznej sieci neuronowej) Schema Engineering po stronie sprzętowej i zaawansowane programy sztucznej inteligencji i moduły programu logicznego dopasować do schematu neuronowego po stronie oprogramowania. Born-Child jak Bionic Brain również potrzebują tych samych czynników, ale z rozszerzeniem jako Advanced Self Machine Learning System & Blank do samodzielnego opracowania ANN Schema Engineering po stronie sprzętowej, podczas gdy Ultra Artificial Intelligence (UAI) programów i modułów programów logicznych wyszukiwania w celu dopasowania schematów neuronowych po stronie oprogramowania. Po stronie sprzętowej i programowej w obu Bionic Brain we wszystkich czterech kwadrantach ponownie ogromny temat do inżynierii.

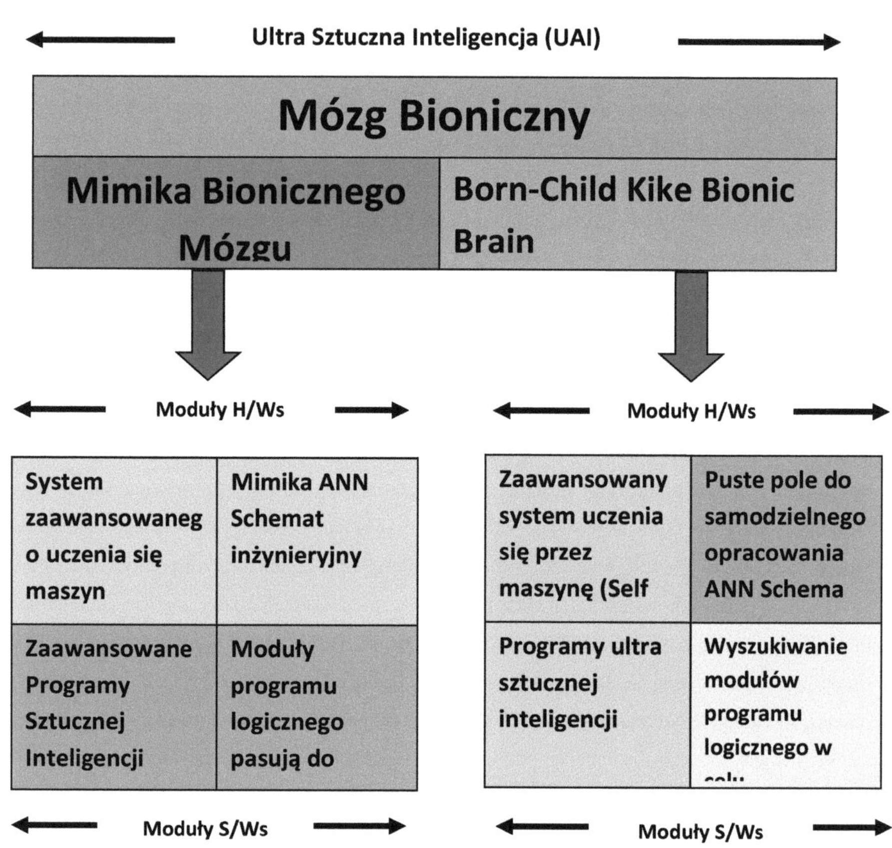

Źródło: Prof. Md. Sadique Shaikh

3.2. Model BBEI (Bionic Brain Engineering Insight):

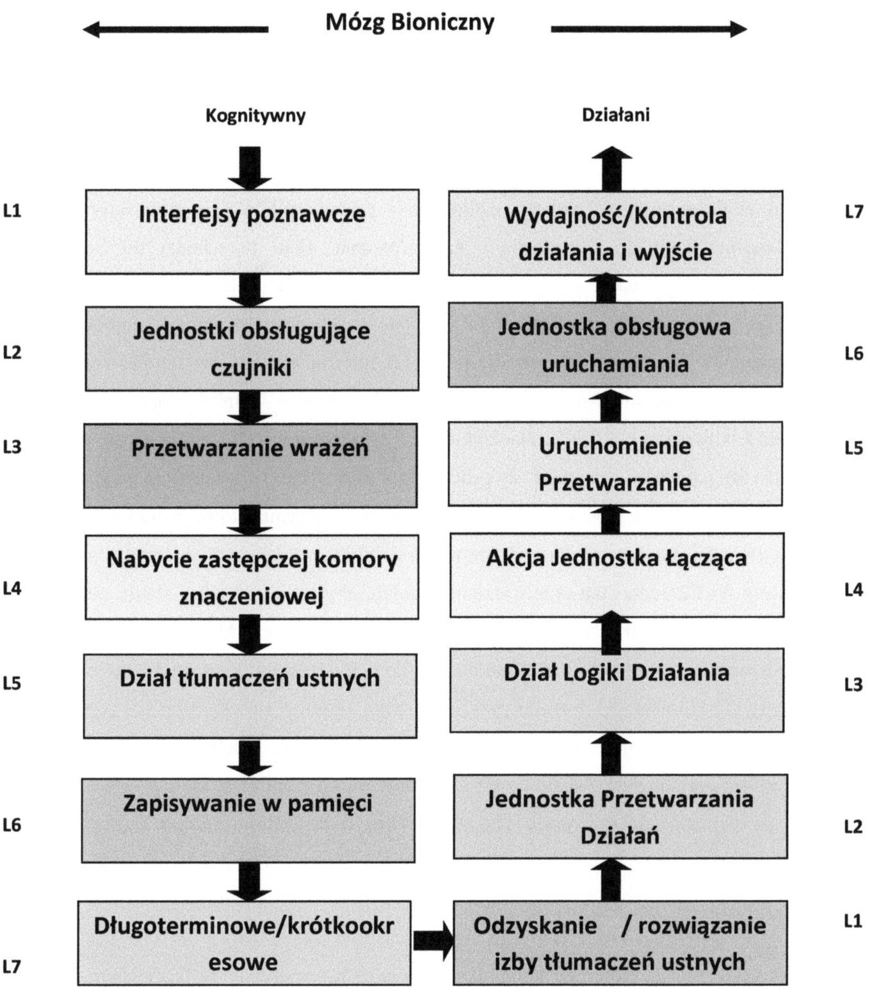

Źródło: Prof. Md. Sadique Shaikh

Ten mój drugi projektowany model oznaczony jako Bionic Brain Engineering Insight (BBEI) Model, który daje ci szybki pogląd na to, jak Bionic Brain Engineer, jakie czynniki i kryteria muszą być brane pod uwagę podczas inżynierii i jak ta inżynieria będzie działać w integracji. Model ten jest całkowicie oparty na pierwszym modelu z dokładnym opisem funkcjonalnym. Stąd nazwa nadana Inżynieryjnemu Wglądowi, tutaj kompletny model podzielony na dwa segmenty jeden to "Poznawczy" a drugi to "Akcja" mająca siedem warstw od L1 do L7 dla obu. W pracy możemy założyć, że ten sam ludzki mózg funkcjonuje analogicznie, aby zrozumieć ideę. Po zmysłach, poznanie bodźców środowiskowych w warstwie L1 .tj. Interfejs poznawczy w przestrzeni elektronicznej za pomocą czujników i przetworników jest podawany do L2 Sensation Handling Unit do filtrowania i kanalizowania, skąd przechodzi do Sensation Processing w celu wyjaśnienia rzeczy, elementów, obrazów, dźwięków i obiektów przez Biological-Like-Electronic (Bionic) Brain w L3 i wysłać do Alternate Meaning Chamber w celu uzyskania znaczeń w L4. Od L4 przechodzi przez L5 Interpreter Unit, aby zrobić rzeczy .tj. informacji do konwersji inteligencji i to wejście do zespołu Pamięć często nazywane przechowywać / odtwarzanie w L6 z załącznikiem L7 Długoterminowe / krótkotrwałe pamięci terminowe dla różnych celów pamięci. Cały proces rozpoczyna się od góry do dołu od L1 do L7. Gdzie jak w odwrotnej kolejności w L1 Odzyskiwanie/rozwiązania komory tłumacza, które składają się i zwięzłej inteligencji dla podejmowania działań i wydajności wyjściowej z Bionic Brain podawany do L2 Jednostka przetwarzania działań, aby umieścić go w stanie gotowym, skąd idzie Action Logic Unit warstwy L3 gdzie strategie wydajności i harmonogram działań z kontrolą czasu zrobić. Zespół dalszy wejście do L4 Akcji Interfacingu Unit do przygotowania i gotowy sygnały dla Humanoid Siłowniki przyjść w ruchu zgodnie z rozkazem i dla tego L5 & L6 Obsługa przetwarzania i uruchamiania Jednostka przetwarzania i uruchamiania działa razem z gdzie wszystkie mechanizmy podane do Performance/Action Control & Output na L7 do out Human-Like wydajność/działania przez Humanoid przy użyciu Bionic Brain Buildup Ultra sztucznej inteligencji.

Wniosek:

Wraz z zamknięciem tego krótkiego komunikatu chciałbym stwierdzić, że "Bioniczny Mózg" jest przyszłością sztucznej inteligencji na szczytowym poziomie I ukuty tu termin "Ultra Sztuczna Inteligencja" dla tego samego. Korzystanie z Bionic Brain nie tylko możliwości dla robotów ludzko-humanoidalnych, ale także Robotów Medycznych, Robotów Kosmicznych do precyzyjnych badań przestrzeni kosmicznej. Pewnego dnia Bioniczny Mózg i Biologiczny Mózg stają się dla siebie trudne. Drugie wyzwanie po tym, jak emocje, uczucia, język ciała, gesty, postawa i ekspresja są możliwe do zaprogramowania i kontroli za pomocą Bionicznego Mózgu w Humanoid. Na tym etapie istnieje również możliwość Robotic Violence with Mankind. Pokazałem przy pomocy dwóch modeli, jak można rozpocząć podróż w jego kierunku.

Referencje:

1. NSF/WE Porozumienie w sprawie współpracy w dziedzinie technologii informatycznych - Warsztaty badań strategicznych IST-1999-12077

2. Md. Sadique Shaikh, "Analysis and modeling of Strong A.I to engineer BIONIC brain for humanoidal robotics application" w American Journal of Embedded System and Applications, Published by Science Publishing Group, October 2013, vol.1, No.2, doi:10.11648/ajesa.20130102.11, New York, America (U.S.A.)(papier dostępny pod adresem URL:www.sciencepublishinggroup.com/j/ajesa).

Odcinek dziesiąty: Wgląd w Robotykę inspirowaną Bio

Streszczenie

Staram się zrozumieć całą rodzinę Biologii i Biologii Syntetycznej, która zainspirowała robotykę poprzez ten element komunikacji. Ogólnie rzecz biorąc, zakładając ich pod-kategorie, chciałbym sklasyfikować robotykę inspirowaną biologią w pięciu głównych głowicach: Cyborg, Cyloni, Softrobotics, Continuum-robotics, Plantoidy i Nanoboty. Gdzie Softroboty i Plantoidy to całkiem nowe i ciekawe domeny nowej przyszłości AI w wielu formach z zaawansowanymi funkcjami. Ta opinia daje w twoim zawiadomieniu wszystko o nich.

Słowa kluczowe: Biologia syntetyczna, Cyborg, Cylony, Softrobotyka, Continuum-robotyka, Plantoidy, Nanoboty.

Model bio-inspirowanej robotyki

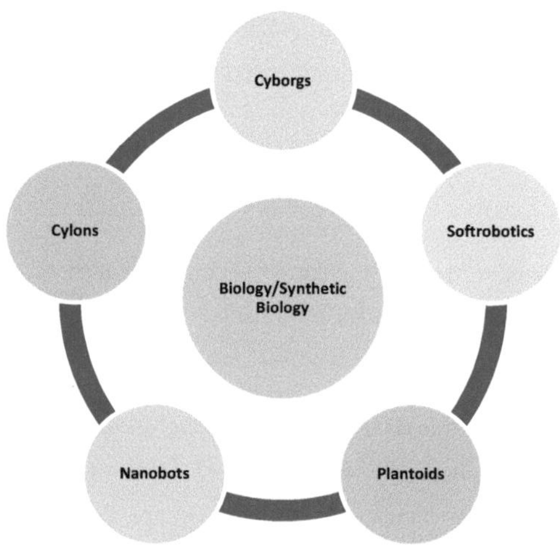

Źródło: Prof. Md. Sadique Shaikh

Biologia i Biologia syntetyczna - robotyka podzielona na pięć typów, takich jak Cylon, Cyborg, Plantoid, Nanobot i Softrobot, różnią się od siebie.

Plantoidy:

Bardzo interesującą i interesującą dziedziną mojej robotyki bioinspirowanej jest Plantoid. Plantoid jest roślinnym odpowiednikiem androida lub humanoida z UAI może powiedzieć, że jest to robot lub syntetyczny organizm zaprojektowany, aby wyglądać, działać i rozwijać się jak roślina o zaawansowanych humanoidów/Android jak sztuczna inteligencja. Plantoidy oparte na kluczowej technologii zwanej "Blockchain". Plantoid jest autonomiczną, opartą na łańcuchu blokowym formą życia, która jest w stanie sama się rozmnażać. Jest to istota hybrydowa, która żyje zarówno w trybie świata fizycznego, ponieważ jako mechaniczna koncepcja składająca się z przetworzonej stali i elektroniki, jak i w trybie świata wirtualnego/cyfrowego, ponieważ jako oprogramowanie umieszczone na szczycie sieci opartej na łańcuchach blokowych. Stąd możliwość przełączania w trybie fizyczno-wirtualnym. Plantoidy byłyby dziwnym i użytecznym brachem robotyki inspirowanej biologicznie w niedalekiej przyszłości z wieloma formami życia, formami inteligencji i formami samoodtwarzania z możliwym pokryciem aplikacji. Te Blockchainowe formy życia będą bazować na samoodtwarzających się istotach.

Softrobotyka

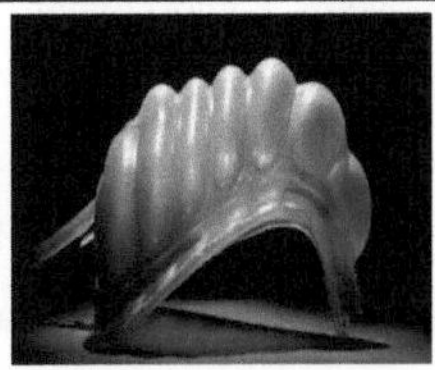

Soft Robotics pojawia się świeże subpole w robotyce, która jest bardzo przydatna w medycynie, przemyśle, eksploracji kosmosu, eksploracji głębinowej, Nano-robotyka i wiele innych podobnych zastosowań. Główną zaletą Soft Robotów w porównaniu do Rigid Robotów jest ich doskonała elastyczność i zdolność adaptacji do realizacji zadań. Zanim przejdę dalej, chciałbym powiedzieć najpierw "Roboty miękkie" lub "Continuum Roboty miękkie" to roboty o małych, średnich i dużych kształtach, o różnych biologicznych i nie biologicznych kształtach ciała, które są wykonane z ultra miękkich i elastycznych materiałów, gdzie materiały są konstruowane z wykorzystaniem mechaniki i kinematyki Continuum". Duża różnica między konwencjonalnymi robotami sztywnymi a miękkimi, w robotyce sztywnej inteligencja, która wykorzystuje SI tylko do sterowania korpusem robota, ale w robotyce miękkiej materiały, z których roboty uczyniły się inteligentne i mają inteligencję, wrażenia i możliwości działania. Dlatego też Soft Robots może również uczyć się od otoczenia w trybie samodzielnym, jak również ma większą elastyczność w sprzęganiu, wspinaniu się, poruszaniu, bronieniu się itp.

Nanoboty

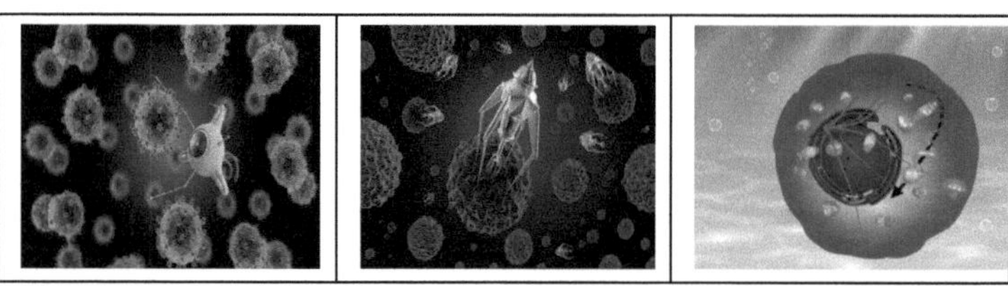

Nanoboty (Nano-roboty) są robotami zaprojektowanymi w nano sakwie przy użyciu nanotechnologii na poziomie atomowym, komórkowym, molekularnym. Nanoboty nazywane są również nanomaszynami, nanorobotami, nanomitami, nanoidami itp. Badania w toku o Nanobotach i kiedy odnoszą sukces byłyby bardzo przydatne w leczeniu ludzkiego ciała, do zabijania bakterii, wirusów i szkodliwych komórek, takich jak HIV, rak itp. wewnątrz ludzkiego ciała. Byłyby to malutkie silniki i maszyna wstrzykiwana w ciało, by zabijać choroby. Stąd Nanoboty bardzo przydatne w medycynie często nazywane są Nanobotami jako Nanomedycyny. Nanoboty tworzą się za pomocą nanocząstek, cząstek kwantowych, punktów quntum w $^{10\text{-}9\ \text{syropie}}$.

Cyborgi:

Najpierw dowiesz się, co to jest Cyborg? Jest to organizm, który posiada zarówno organiczne ("naturalne" GOD made) i cybernetyczne ("maszyna" Electro-Mechanical Artificial and Man Made) części zaprojektowane, wdrożone i połączone kaskadowo w ludzkim ciele dla Biologicznej pomocy medycznej lub do zmiany zwykłych ludzkich potencjałów, zdolności i inteligencji do poziomu super lub ultra mocy. Innymi słowy, kiedy ludzie stają się Cyborgiem, są częścią człowieka i częścią maszyny. Cyborg jest kolejną możliwością w medycznych, jak i super sztucznych domenach mocy. Cyborg "**Cybernetyczny** organizm" to istota posiadająca zarówno organiczne jak i biomechatroniczne części ciała, za pomocą których człowiek może zwiększyć swoją moc we wszystkich środkach i gałęzią nauki jest "Cyborgologia".

Cyloni

Cyloni wydają się być podobni do Cyborga, ale różnią się znacznie od siebie i pozwól mi wyjaśnić, czym są. Cylon zaprojektowany specjalnie do celów wojennych i podobnych i całkowicie złożony ze zwykłych materiałów, które są tu wykorzystywane wyłącznie przez ludzką inteligencję i mimikę, podczas gdy Cyborg zaprojektowano lub wdrożono u ludzi do różnych celów i częściowo wykorzystano biologiczne lub syntetyczne materiały biologiczne. Branża ta ma mniejszy zakres i mniej uwagi do badań ze względu na szybki sukces w Cyborgach.

Wniosek

Zainspirowane biologicznie formy robotyki zmienią oblicze świata i poradzą sobie z rutynowymi zadaniami ludzkości. Te formy inteligencji byłyby inżynierskie i dostępne w różnych rozmiarach, formach, umiejętnościach, zdolnościach i zaawansowanych funkcjach, takich jak Plantoidy, Softroboty, Nanoboty i Cyborgi, które wyjaśniłem przy pomocy Bio Inspired Robotics Model.

Podziękowanie

Chciałbym przypisać tę pracę mojej kochającej żonie Safeenie Khan, moim aniołom Md. Nazwisko Shaikh, Md. Shadaan Shaikh i mój bliski przyjaciel Tanveer Sayyed.

Odcinek jedenasty: Komunikat w sprawie "Robotycznego systemu wsparcia medycznego (RMSS)".

Streszczenie

W dzisiejszych czasach Internet Rzeczy stał się bardzo udany i szczytowym osiągnięciem technologii sieci komunikacyjnej, która może połączyć ze sobą wszystkie możliwe żywe nieożywione obiekty, stworzenia i roboty za pomocą ich unikalnej technologii RFID i stąd moje myślenie zaczęło się od tej wizji, jak robotyka i Internet przedmiotów mogą połączyć się dla korzyści dla ludzkości i przezwyciężyć koncepcję "Robotycznego Systemu Wspomagania Medycznego (RMSS)".

Słowa kluczowe: IoT, IoUT, RMSS, AI, Robotyka Medyczna

Robotyczny system wsparcia medycznego (RMSS) Model

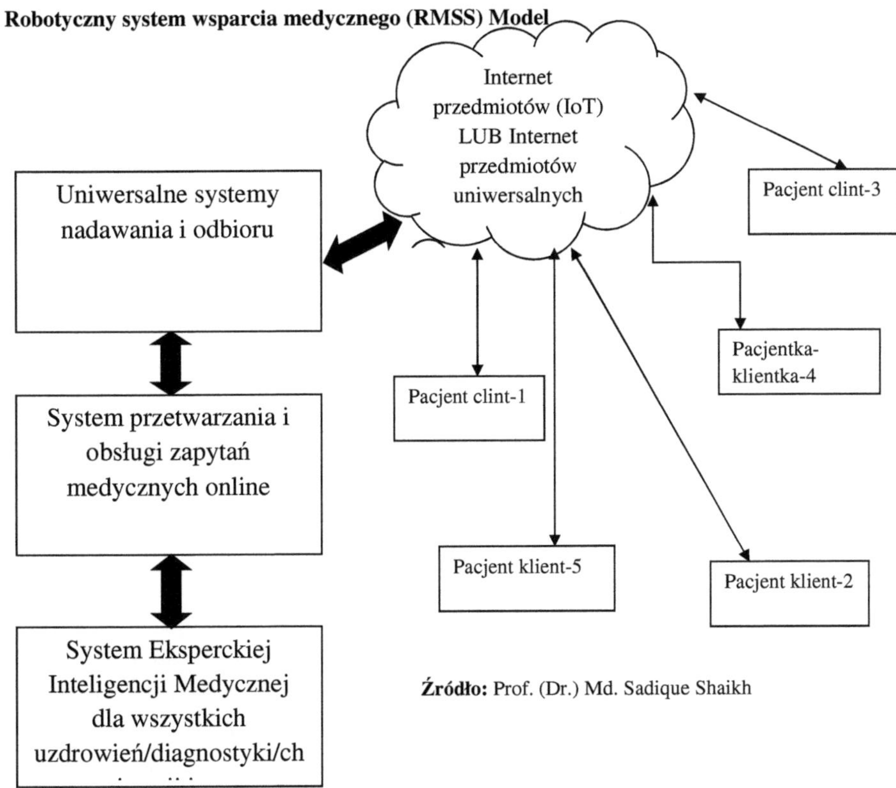

Źródło: Prof. (Dr.) Md. Sadique Shaikh

Obecnie wywiad robotyczny stał się centralną jednostką funkcjonalną wszystkich aplikacji na świecie dla wszystkich dyscyplin. Stąd też równie przydatne w zaawansowanych i zautomatyzowanych naukach medycznych, dlatego też przyszedłem z tą wizją, aby skierować uwagę badaczy i praktyków na tę dziedzinę, co powiedziałem "Robotyczny Medyczny System Wsparcia (RMSS)". W wielu Hollywood Sci-Fi lub Cyborg związane z filmów jak Avengers, Po Ziemi widziałeś zaawansowany poziom cywilizacji Cyborg ludzkości, a także widziałem wszystkie rany i urazy goją się w nich bardzo szybko. Jak leczyły się tak szybko, nie przeszkadza nam to, ale nie jest to magia, która byłaby możliwa w niedalekiej przyszłości przy użyciu zaawansowanych, opartych na satelitach, mobilnych robotów obsługujących wszystkie zabiegi i operacje medyczne. Jedną z możliwości, o której wspominam w artykule wizyjnym

"Robotyczny System Wspomagania Medycznego (RMSS)" wykorzystujący IoT w teraźniejszości i może być niedostępny w przyszłości, gdy podróże w czasie i przestrzeni są możliwe dla rasy ludzkiej. Musimy zaprojektować uniwersalne repozytorium medyczne i diagnostyczne lub system, który połączyłby się z ogólnoświatowym lub w przyszłości uniwersalnym leczniczym mechanizmem przetwarzania i obsługi zapytań lub systemem połączonym ze wszystkimi formami kodowania danych, dekodowania, modulacji, transmisji i odbioru pozycji danych do przetwarzania zapytań zwrotnych w innym słowie mechanizm udzielania zamówień połączony z hurtownią danych medycznych z wszelkimi możliwościami komunikacji i przetwarzania danych medycznych. zespół ten połączył i jest gotowy do wykonywania na całym świecie leczenia pacjentów związanych z IoT lub w przestrzeni kosmicznej związanej z IoUT (przyszłe założenie) posiadający własne systemy robotyki medycznej do wykonywania zadań pod kontrolą MRSS poprzez IoT/IoUT, jak pokazano w powyższym modelu.

Wniosek

W tym artykule wizjonerskim omówiłem przyszłe oblicze dziedziny medycyny z odniesieniem do postępu w sztucznej inteligencji, inteligencji cyborgowej, Bigdata i IoT. Stąd przy zachowaniu wszystkich opracowanych przeze mnie modeli Robotycznego Systemu Wspomagania Medycznego (RMSS) i omówiłem jedną z największych przyszłych możliwości zaawansowanej robotyki medycznej.

Podziękowanie

Jestem naprawdę wdzięczny mojej żonie, Safeenie Shaikh, za jej moralne wsparcie moich synów Md. Nameer Shaikh i Md. Shadaan Shaikh dla ich miłości, która utrzymuje mnie świeżego z nowymi pomysłami i mój bliski przyjaciel Tanvir Sayyed dla jej pozytywne wsparcie ze mną.

Referencje

1. Md. Sadique Shaikh, "Analysis and modeling of Strong A.I to engineer BIONIC brain for humanoidal robotics application" w American Journal of Embedded System and Applications, Published by Science Publishing Group, October 2013, vol.1, No.2, doi:10.11648/ajesa.20130102.11, New York, America (U.S.A.)(papier dostępny pod adresem URL:www.sciencepublishinggroup.com/j/ajesa)

2. Md. Sadique Shaikh (2017) "Ultra Artificial Intelligence (UAI)": Redefing AI firme New Research Dimension" . Adv Robot Autom DOI: 10.4172/2168-9695.1000163.

3. Md. Sadique Shaikh (2017) "Fundamental Engineering for Brain-Computer Interfacing (BCI)": Initiative for Neuron-Command Operating Devices". Biologia obliczeniowa i bioinformatyka 5: 50-56.

4. Md. Sadique Shaik (2018) Definiowanie wdrożenia ultra sztucznej inteligencji (UAI) z wykorzystaniem bionicznej (biologiczno-podobnej elektroniki) inżynierii mózgu. MOJ App Bio Biomech 2: 127-128.

5. Md Sadique Shaikh(2018) Insight Artificial to Cyborg Intelligence Modeling. Arch Ind Engg: 1: 1- 5.

6. Sadique Shaikh (2018) "Artificial Intelligence Engineering for Cyborg Technology Implementation". Dziennik Inżynierii Robotycznej i Automatyki , Robot Automatyki Eng J 3: 555604.

7. Sadique Shaik (2018) "Engineering Insight for Humanoid Robotics Emotions and Violence with Reference to "System Error 1378" in Robot Automot Eng J 3(2): RAEJ.MS.ID.5555610 (2018).

8. Sadique Shaik (2018) "Defining Cyborg Intelligence for Medical and Super-Human Domains", Trends Tech Sci Res 2: 001-002.

9. Md Sadique Shaikh, Safina Khan "Ultra sztuczna inteligencja (UAI) inżynieria do kontroli, wykrywania i korygowania przemocy w robotyce " . Int Rob Auto J 4: 242-243.

10. Md. Sadique S, Shabeena K (2018) Introducing Deep Mind Learning Modeling. Adv Rob Mec Eng 1(1)- 2018. ARME.MS.ID.000101.

Odcinek Dwunasty: Definiowanie Robotycznej Chirurgii Satelitarnej przy użyciu IoT

Satelitarny model chirurgii robotycznej (SRSM)

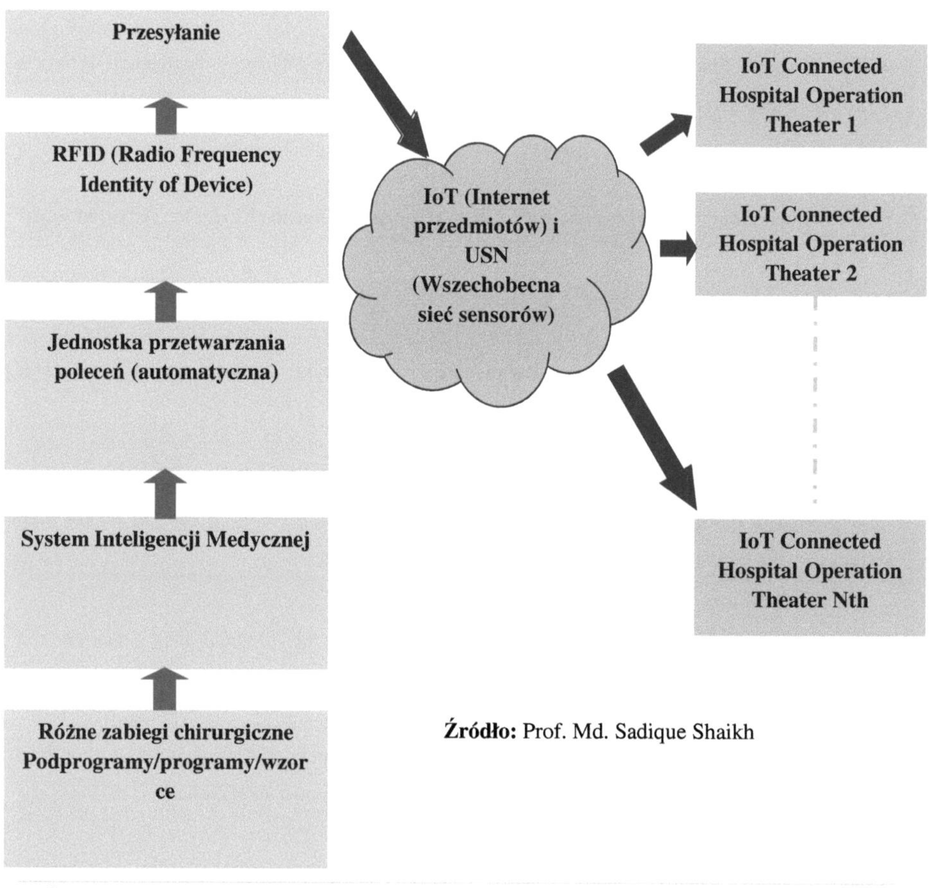

Źródło: Prof. Md. Sadique Shaikh

Obecnie Internet Rzeczy (IoT) umożliwia wszystko, zdalne sterowanie i zdalną obsługę oraz zmienia wyobraźnię komunikacji obiektów w rzeczywistość za pomocą satelitarnego USN (Ubiquitous Sensing Network). IoT to najnowocześniejsza technologia komunikacyjna, w której nie tylko żywe, ale i nieożywione rzeczy mogą komunikować się, dowodzić, kontrolować, przetwarzać za pomocą swoich unikalnych RFID i USN. Stąd możliwe byłoby to, co zakładam pod nazwą "Satelitarna Robotyczna Chirurgia z wykorzystaniem IoT". Narysowałem jeden model, aby wyjaśnić, jak to się stanie w najbliższej przyszłości, oznaczony jako "Satellite Robotics Surgery Model (SRSM)". Pozwólcie, że wytłumaczę wam, jak byłoby to inżynierskie i funkcjonalne. Aby wdrożyć operację z wykorzystaniem robotyki satelitarnej przy użyciu IoT, pierwszym wymogiem jest zastosowanie różnych podprogramów/programów/wzorców operacji medycznych, które przechodzą przez System Wywiadu Medycznego w celu podjęcia decyzji, jaka procedura chirurgiczna jest wymagana od szpitala klienta z jakiego kraju i jaka metoda chirurgiczna jest skuteczna z alternatywnych podprogramów i jakie są powagi, komplikacji i charakteru operacji. Po podjęciu decyzji przez wywiad medyczny system wspomagania decyzji przygotowuje i wysyła komendy decyzyjne do jednostki przetwarzania poleceń. Funkcja przetwarzania poleceń na polecenia kalibrujące z precyzyjnym sterowaniem, zarządzaniem czasem, kondycjonowaniem sygnału i akwizycją danych. Na kolejnym poziomie cały proces obejmował RFID i streaming przez jednostkę transmisyjną do klientów szpitali z 1, 2, 3 ... Nth przy użyciu USN i IoT z komunikacji satelitarnej na całym świecie z udzielaniem odpowiedzi na zapytania o liczbę klientów szpitali, które zażądały satelitarnej robotyki chirurgicznej przy użyciu IoT.

Wniosek

Rozmawiałem o tym, jak możliwa jest chirurgia z wykorzystaniem robotów satelitarnych IoT i USN przy pomocy modelu SRSM (Satellite Robotics Surgery Model)". Dużą zaletą tej technologii jest możliwość przeprowadzenia operacji chirurgicznej z programów eksperckich przy nieobecności lekarzy, ale jedną wielką wadą jest to, że transmisja strumieniowa danych dowodzi awarii lub przerwania komunikacji w dowolnym momencie, co jest spowodowane zatrzymaniem zdalnego zabiegu chirurgicznego lub przeszkodą z powodu zakłóceń w odbiorze sygnału w szpitalu klienta.

Potwierdzenie:

Jestem naprawdę wdzięczny mojej żonie, Safeenie Shaikh, za jej moralne wsparcie moich synów Md. Nameer Shaikh & Md. Shadaan Shaikh dla ich miłości, która utrzymuje mnie świeżego z nowymi pomysłami i mój bliski przyjaciel Tanvir Sayyed dla jej pozytywne wsparcie ze mną. Doceniam tę pracę moim przyjaciołom Jyoti Firke i Ritashri Cahudhari za zachętę, a także Dr. B.N.Gupcie, który mnie zainspirował.

Odcinek Trzynasty: Opinia w sprawie nanobotyki, nanonauki i nanotechnologii jako nanomedycyny dla przyszłych praktyk medycznych

Streszczenie

Wszyscy z was dużo o wszystkich dziedzinach badań Nano dziedzin w ogóle, ale tutaj intencja jest specyficzna w dziedzinie nauk medycznych, praktyk i nowych metod chirurgicznych. Jestem w tym komunikacie starał się pomóc Ci odkryć nowe badania i praktyki przy użyciu poniżej intrygującego podstawowego modelu w różnych kierunkach nauk i praktyk medycznych.

Słowa kluczowe: Nanocząsteczki, Nanoroboty, Nonomotory biologiczne, Nanonauka, Nanotechnologia, NEMS, Silniki ATP, Softrobotyka, Chemia molekularna, Biologia syntetyczna, Nanoproszki.

Nanomedycyna Explore and Practice Model:

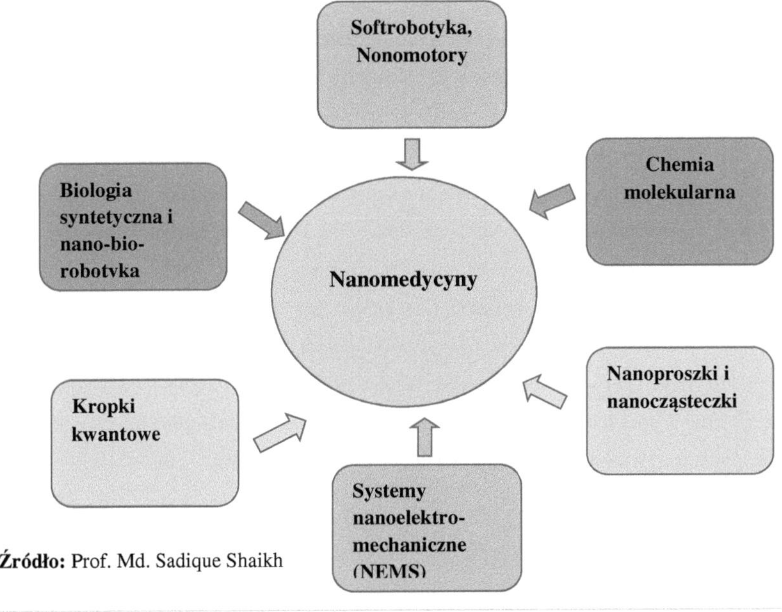

Źródło: Prof. Md. Sadique Shaikh

Powyższy model jest jasną reprezentacją wszystkich możliwych domen badawczych reżimu Nano w naukach i praktykach medycznych, zgodnie z moją opinią. Jestem zamknięty w sobie tylko dla Nanomedycyny i jak pokazał, jak różne sub-pola dostępne w nano reżimie. Model ten nazwałem "modelem badań nad nanomedycynami i praktykami", w którym przedstawiam sześć możliwych gałęzi nano reżimu, w których prowadzone są badania lub możliwe do przeprowadzenia dla praktyki medycznej. Pierwszą dziedziną jest softrobotyka i nanometry, w tej poddziedzinie badacze mogą pracować nad projektowaniem, rozrostem lub wytwarzaniem takich maleńkich robotów lub silników, które z łatwością wprowadzają do ludzkiego ciała, czaszki lub dowolnej części ciała, aby leczyć, naprawiać lub zabijać wirusy, bakterie, itp. na przykład nano-robota lub nano-silnik wprowadzony do ciała, który posiada inteligencję i zdolność przetwarzania w celu wykrywania i zabijania komórek nowotworowych. Drugim podpolem jest Chemia Molekularna, często nazywana chemią zintegrowaną lub chemią hybrydową, gdzie atomy i molekuły są inżynierią i manipulacją w celu stworzenia takich nanocząsteczkowych struktur, które mogą być wykorzystane jako doskonała i natychmiastowa diagnostyka i leczenie medyczne. Trzeci segment to nano-proszki i nanocząstki, które są strukturami zerowymiarowymi, a każda malutka cząstka sama w sobie działa jak tabletka lub kapsułka do leczenia ludzi. Czwarta dziedzina to Nano-Elektro-Mechanical-Systems (NEMS) jest to obszar badań i praktyki, gdzie nisko wymiarowe struktury półprzewodnikowe lub hybrydowe produkowane w skali $^{10-9}$, które są jak automatyczne roboty ruchome lub chirurgiczne lub roboty diagnostyczne mające mechaniczny kontakt. Piątym podpolem, które można by wdrożyć w najbliższej przyszłości lub które jest rzadko stosowane w praktyce medycznej, jest diagnostyka i leczenie za pomocą kropek kwantowych (QD), które są zerowymiarowymi półprzewodnikami i są bardzo przydatne do wykrywania różnego rodzaju wirusów i leczenia chorób skóry. Ostatnim podpolem jest biologia syntetyczna, która sama w sobie jest jedną z rozległych dziedzin badań posiadających różne poddomeny. W biologii syntetycznej roboty bio-medyczne konstruowane z wykorzystaniem inżynierii tkankowej i DNA do celów chirurgii medycznej, diagnostyki i celów medycznych.

Wniosek:

W tym komunikacie starałem się zwrócić Państwa uwagę na wszystkie możliwe dziedziny badań w dziedzinie nauk medycznych, chirurgii, medycyny wykorzystującej nanomedycynę z pomocą "Nanomedycyny badaj i model praktyki". Moją intencją poprzez tę opinię nie jest dać wam głębokiej wiedzy o wszystkich dziedzinach, ale dać wam kierunek, który pozwoli wam wybrać to, co jest dla was wygodne do prowadzenia badań w praktyce medycznej z zakresu nanonauki, nanobotyki i nanotechnologii.

Odcinek czternasty: Wgląd w modelowanie komunikacji między mózgiem a mózgiem, między mózgiem a humanoidami i między mózgiem a przedmiotami przy użyciu Cyborga i Internetu przedmiotów

Streszczenie

Komunikacja między mózgiem a mózgiem, między mózgiem a humanoidami i między mózgiem a przedmiotami to przyszła rzeczywistość, która łączy wszystkie ludzkie mózgi, humanoidy i nieożywione organizmy/rzeczy za pomocą interfejsów IoT (Internet przedmiotów), satelitów, Bigdata i Cyborg BCI na całym świecie w celu nawiązania komunikacji za pomocą RFID (Radio Frequency Identification) i sygnałów wirtualnych opartych na Neuromodulacji pasma BCI (Brain Computer Interfaces). Kiedy to możliwe (badania w toku) na świecie nikt nie komunikuje się fizycznie z ustami i będzie miał możliwość ustanowienia natychmiastowej komunikacji bez telefonów komórkowych i komórkowych na całym świecie bezpośrednio za pomocą IoT z Super inteligentnym streamingiem z serwerów Bigdata dostępnych w IoT przy użyciu USN (Ubiquitous Sensing Network) i RFID. Ta zmiana paradygmatu przekształca rasę ludzką na planecie Ziemia z cywilizacji typu 0 w cywilizację typu I lub typu II zaawansowaną technologicznie. Aby zrozumieć wyżej wymienione, możesz wziąć pod uwagę przykład mojego zawsze bliskiego filmu "Avatar". Widziałeś Synchro Ludzkiego Mózgu z Neuromodulacją płynącą do obcej formy Pandora Planet Alien ze snem. Nawet ty widziałeś wszystkie Inteligentne Stworzenia, zwierzęta, ptaki, drzewa i rośliny połączone ze sobą na tej planecie Pandora. Wystawiłem trzy modele, aby dać wam o tym znać, oznaczane jako Brain-to-Brain

Communication Model (BBCM), Brain-to Humanoid (Robotics) Communication Model (BHCM) i Brain-to-Things (All living & Non-living things) Communication Model (BTCM).

Słowa kluczowe: BBCM, BHCM, BTCM, BCI, Humanoid, IoT, Bigdata, USN, RFID, Neuromodulacja, Cyborg, Cybermatic.

Model komunikacji między mózgiem a mózgiem (BBCM)

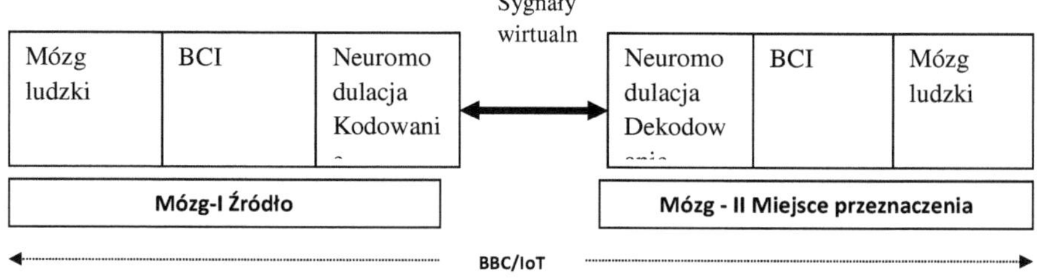

Źródło: Prof. Md. Sadiaue Shaikh

Powyższy model pokazuje, w jaki sposób komunikacja między mózgiem a mózgiem może zostać nawiązana w najbliższej przyszłości. Tutaj dwa lub wiele mózgów nadal może zmienić źródło do miejsca przeznaczenia alternatywnie do komunikacji i wymiany danych/informacji z jednego mózgu do drugiego. Wszystkie neurony sygnału Mózgu zamieniają się na informacje przy użyciu BCI i wysyłają je do innego zastosowania Neuromodulacji Mózgu. Byłoby to podobne do zwykłej elektronicznej modulacji i demodulacji, ale zamiast informacji o elektronach zakodowanych i zdekodowanych przy użyciu neuronów, wirtualnego mózgu do sygnałów modulowanych mózgiem. Komunikacja między mózgiem a mózgiem w terenie nawiązana przy użyciu nadajnika i odbiornika o niskiej częstotliwości, ale do nawiązania komunikacji między dwoma odległymi mózgami ludzkimi znajdującymi się na całym świecie potrzebujemy anteny RFID i satelitarnego IoT.

Model komunikacji między mózgiem a humanoidem (BHCM)

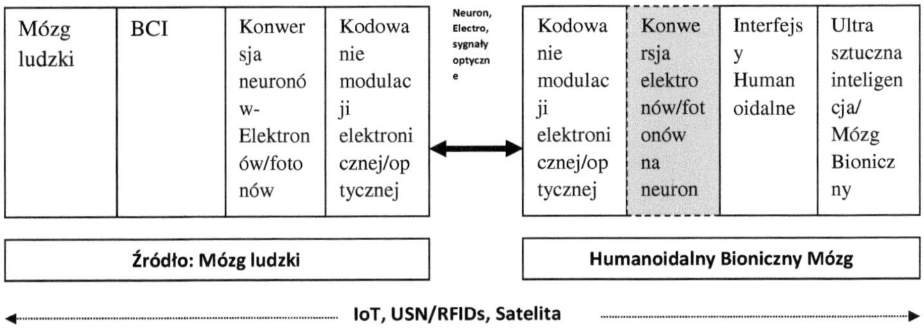

Mózg ludzki	BCI	Konwersja neuronów-Elektronów/fotonów	Kodowanie modulacji elektronicznej/optycznej	Neuron, Electro, sygnały optyczne ⟷	Kodowanie modulacji elektronicznej/optycznej	Konwersja elektronów/fotonów na neuron	Interfejsy Humanoidalne	Ultra sztuczna inteligencja/ Mózg Bioniczny

Źródło: Mózg ludzki	Humanoidalny Bioniczny Mózg

◄ IoT, USN/RFIDs, Satelita ►

Źródło: Prof. Md. Sadique Shaikh

Jest to mój drugi model, który pokazuje przyszłą możliwość nawiązania komunikacji pomiędzy Mózgiem Człowieka a Bionicznym Mózgiem Robotów Humanoidalnych przy zastosowaniu dodatkowych wymagań do strony humanoidalnej i ludzkiej. Ponieważ Humanoid przetwarza sygnały elektroniczne lub optyczne, stąd sygnał neuronów mózgowych przekształcany na informacje za pomocą BCI oraz Cybermatic i Neuroinformacji przekształcany na równoważne sygnały elektryczne lub optyczne, a następnie podawany do kodowania modulacji. Po stronie humanoidalnej sygnał odbierany i przetwarzany przez interfejsy humanoidalne i podawany na bazie UAI (Ultra Artificial Intelligence) Bionic Brain. Kiedy komunikacja z Humanoid Bionic-Human Brain w tym czasie humanoidalne potrzebują Electronów / Fotonów do konwersji neuronów.

Model komunikacji między mózgiem a przedmiotami (BTCM)

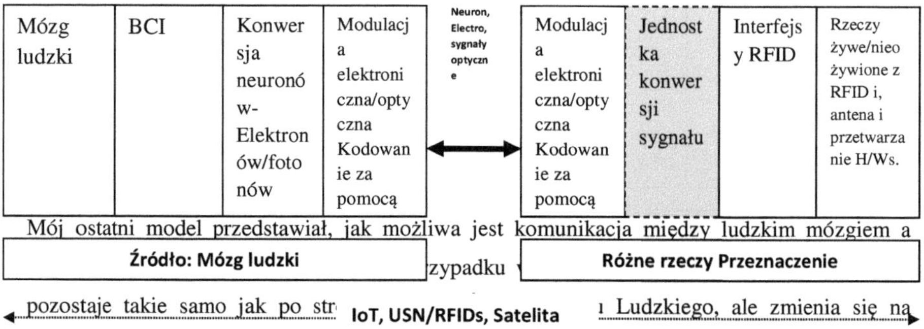

Mózg ludzki	BCI	Konwersja neuronów-Elektronów/fotonów	Modulacja elektroniczna/optyczna Kodowanie za pomocą	Neuron, Electro, sygnały optyczne ⟷	Modulacja elektroniczna/optyczna Kodowanie za pomocą	Jednostka konwersji sygnału	Interfejsy RFID	Rzeczy żywe/nieożywione z RFID i, antena i przetwarzanie H/Ws.
Źródło: Mózg ludzki				IoT, USN/RFIDs, Satelita	**Różne rzeczy Przeznaczenie**			

Mój ostatni model przedstawiał, jak możliwa jest komunikacja między ludzkim mózgiem a [illegible] [prz]ypadku [illegible] pozostaje takie samo jak po str[illegible] [Mózgu] Ludzkiego, ale zmienia się na rozważenie przeznaczenia jako różnych rzeczy. Dlatego też każda rzecz ma swój własny, unikalny system RFID, który umożliwia badanie i nawiązywanie łączności na całym świecie z antenami detekcyjnymi i USN za pomocą IoT, Bigdata i satelitów. Tutaj po/ przed kodowaniem/dekodowaniem jako źródło/dekodowanie musimy zaprojektować urządzenia do kondycjonowania sygnałów, które ustabilizowały różne formy sygnałów i wysłały interfejs RFID do konwersji sygnału do przetwarzania przez Żywe/Nieożywione Rzeczy za pomocą RFID i, Antena & Przetwarzanie H/Ws.

Źródło: Prof. Md. Sadique Shaikh

Wniosek

Wyświetliłem trzy ważne modele BBCM, BHCM i BTCM, aby zrozumieć, jakie są przyszłe formy komunikacji i jak byłoby to możliwe. Omówiłem z modelami schematy komunikacji między mózgiem a mózgiem, między mózgiem a humanoidem i między mózgiem a rzeczami. Lubię również stwierdzić te modele możliwe hybrydyzacji jako Humanoid do rzeczy, Rzeczy do rzeczy i Humanoid do Humanoid komunikacji przy użyciu form polimorfizmu źródła i strony docelowej wymiany tych trzech modeli.

Odcinek piętnasty: Samodzielna inteligencja zmian wymiarowych (SDI) Modelowanie w zastosowaniach lotniczych i kosmicznych

Streszczenie:

Znaczenie tytułu może być zarówno interesujące, jak i interesujące dla wszystkich po przeczytaniu. Termin SDI ukułem za pierwszym razem i świeżo, który jest moją hipotezą, aby pokazać Ci jakie są możliwości w przyszłej dziedzinie lotnictwa i jak to będzie się działo, jaki jest punkt zwrotny, w którym przestrzeń kosmiczna Ziemi wydaje się być jak obce technologie (Assumption). Teraz, co zamierzałem z tym komunikatem, chciałbym zrozumieć za pomocą intrygującego modelu.

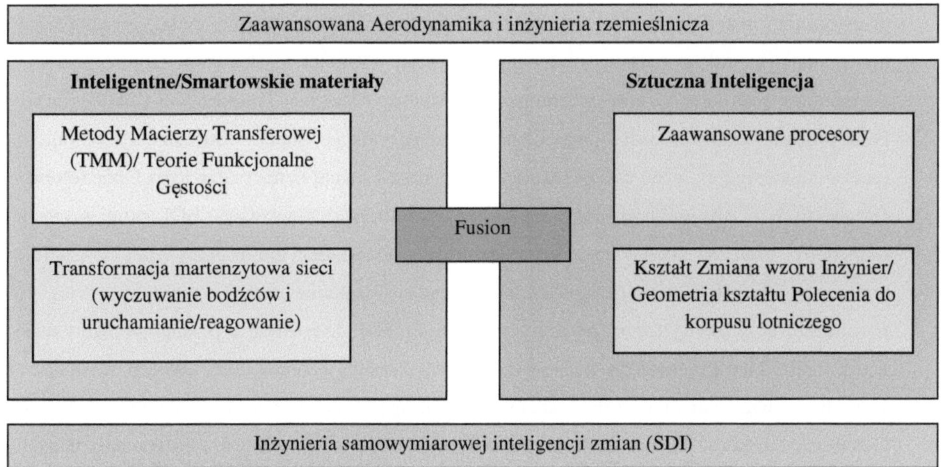

Źródło: **Prof. Md. Sadique Shaikh**

Przed dalszym wyjaśnieniem modelu chciałbym zdefiniować pojęcia SDI jako "Samowymiarowa Inteligencja Zmiany (SDI) to hybrydowa inżynieria inteligentnych materiałów z dodatkową kontrolą sztucznej inteligencji w celu zmiany wymiarów geometrycznych/współrzędnych statków powietrznych". Gdzie jako inteligentny materiał można zdefiniować "zakres i prawdziwość materiałów, które same wyczuwają bodźce fizyczne/przestrzenne/środowiskowe i po odczuciu uaktywniają się zgodnie z geometrią kontrolowaną przez AI, przykładowo polimery przewodzące, stop pamięci kształtu (SMA). W powyższym modelu pokazałem jak byłoby to możliwe w niedalekiej przyszłości dzięki podziałowi modelu na dwa segmenty: Inteligentnych/Małych Materiałów i Sztucznej Inteligencji z dwiema równoległymi liniami projektowymi Zaawansowanej Aerodynamiki i Inżynierii Rzemiosła oraz Inżynierii Samowymiarowej Zmiany Inteligencji (SDI). Te dwie technologie muszą być stosowane kaskadowo przy użyciu tych dwóch linii wzorniczych. Pierwszy segment oparty na prawdziwej inżynierii materiałoznawczej jak Shape Memory Alloy (SMA), materiały oparte na kryształach fotonicznych, przejściowe materiały mieszające półprzewodniki, przewodzące materiały powlekane polimerami itp. materiały te nie tylko wyczuwają i uruchamiają, ale także mają w sobie samoreplikację, inżyniera mechanizmu samoregeneracji. Segment ten jest dalej rozpowszechniony jako Metody Macierzy Transferowej (TMM)/Teorie Funkcjonalne Gęstości oraz martenzytowa transformacja siatek (Stimuli wyczuwają i uruchamiają/reagują), gdzie wzrost materiałów zgodnie z naturą oznacza czy to na bazie fotoniki czy elektroniki. Aby uregulować, przetworzyć, monitorować i wyzwalać SDI, drugi segment wspierałby sztuczną inteligencję, która stabilizuje, ukierunkowuje i precyzyjnie kontroluje bodźce, od których materiałów zależy ich odczucie i działanie oraz jak maszyny muszą się transformować z jednej formy na drugą za pomocą SDI. Jednostka ta posiada ponadto dwie ważne części jako Procesor Zaawansowany do generowania wzorców SDI, poleceń, procesów i kontroli z zarządzaniem czasem i stanem oraz drugą Zmianę Wzorów Kształtów Inżynier/ Geometria Kształtów Polecenia do korpusu Aerospace do generowania i udostępniania danych wymiarowych SDI do Procesora Zaawansowanego do wykonania np. dla szybkich jednostek pływających typu tarczowego, które wirują z dużą prędkością w porównaniu z tradycyjnym lotem liniowym, dla współrzędnych krzywoliniowych SDI lub kartezjańskich lub cylindrycznych, które najlepiej pasują do podjęcia takiej decyzji i są dostępne dla Procesora.

Słowa kluczowe: SDI, SMA, Aerodynamika, Inżynieria Lotnicza

Podziękowanie

Chciałbym przypisać tę pracę mojej kochającej żonie Safeenie Khan, moim aniołom Md. Nazwisko Shaikh, Md. Shadaan Shaikh i mój bliski przyjaciel Tanveer Sayyed.

Odcinek 16: Wgląd do robotyki miękkiej (Continuum)

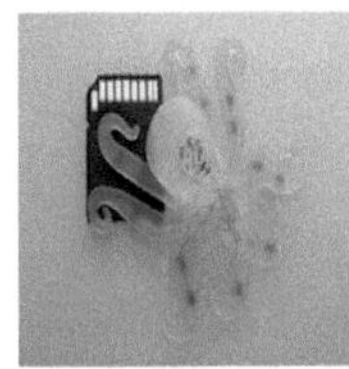 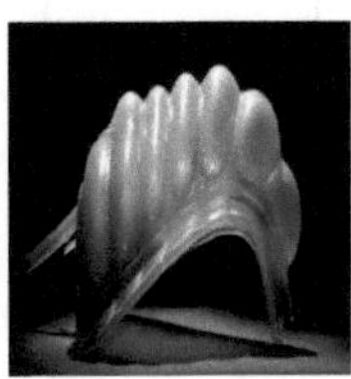   

Soft Robotics pojawia się świeże subpole w robotyce, która jest bardzo przydatna w medycynie, przemyśle, eksploracji kosmosu, eksploracji głębinowej, Nano-robotyka i wiele innych podobnych zastosowań. Główną zaletą Soft Robotów w porównaniu do Rigid Robotów jest ich doskonała elastyczność i zdolność adaptacji do realizacji zadań. Zanim przejdę dalej, chciałbym powiedzieć najpierw **"Roboty miękkie"** lub "Continuum Roboty **miękkie" to roboty o małych, średnich i dużych kształtach, o różnych biologicznych i nie biologicznych kształtach ciała, które są wykonane z ultra miękkich i elastycznych materiałów, gdzie materiały są konstruowane z wykorzystaniem mechaniki i kinematyki Continuum".** Duża różnica pomiędzy konwencjonalnymi robotami sztywnymi a miękkimi, w robotyce sztywnej inteligencja, która wykorzystuje SI tylko do sterowania korpusem robota, ale w robotyce miękkiej materiały, z których roboty uczyniły się inteligentne i posiadają inteligencję, wrażenia i możliwości wykonawcze. Dlatego też Soft Roboty mogą również uczyć się od otoczenia w trybie samodzielnym, a także mają większą elastyczność w sprzęganiu, wspinaniu się, poruszaniu, bronieniu się itp. dlaczego tak się dzieje? To byłoby pytanie w twojej głowie, pozwól mi odpowiedzieć, dlaczego tak się dzieje. Ponieważ Soft Robotics zbudowane z wysoce zgodnych materiałów podobnych do tych, które pochodzą i znajdują się w żywych organizmach i istotach na planecie Ziemia. Dlatego też Soft Robotics buduje się z wykorzystaniem morfologii materiałów i mechaniki Continuum. Jest to mechanika zajmująca się analizą kinematyki i zachowania mechanicznego materiałów modelowanych jako masa ciągła, a nie dyskretne cząstki, dlatego też Soft Robotics nazywana jest również **"robotem Continuum Robotics"**. Roboty te skonstruowane z wykorzystaniem materiałów biologicznych, materiałów biofotonicznych, polimerów przewodzących, materiałów biochemicznych, nanomateriałów, nanokompozytów, biologii syntetycznej, stopu pamięci kształtowej (SMA) oraz materiałów inteligentnych, DLC, węgla o wysokim młodym module sprężystości i tak dalej. Podsumowując lepiej powiedzieć, że inteligentne materiały są podstawą działania robotów miękkich/kontynentnych, gdzie inteligentne materiały można zdefiniować jako "materiały, które mają zdolność do wyczuwania pewnych bodźców środowiskowych, przetwarzania i uruchamiania (reagowania) w zależności od wrażeń". Dlatego też Soft Roboty potrzebują mniej elektronicznej sztucznej inteligencji w porównaniu z Robotami Sztywnymi i są mniej szkodliwe dla człowieka i środowiska, a także naśladują i uczą się szybko poruszać i dostosowywać się do otoczenia. Na powyższych rysunkach przedstawiłem kilka sukcesów Soft Robotów, takich jak Octobot pierwszy na świecie ultra miękki i elastyczny Soft Robot, Soft Robot Fish itp.

Wniosek:

Robot Soft lub Continuum Robotic to świeża dziedzina w technologii robotyki, w której wiele badań musi przenieść ją na wyższy poziom. Ta gałąź robotyki ma swoje własne, odmienne znaczenie i użyteczność od konwencjonalnej i bardzo przydatne w badaniach głębokich przestrzeni kosmicznych, medycznych, przemysłowych i głębinowych.

Podziękowanie

Chciałbym przypisać tę pracę mojej kochającej żonie Safeenie Khan, moim aniołom Md. Nazwisko Shaikh, Md. Shadaan Shaikh i mój bliski przyjaciel Tanveer Sayyed.

Odcinek siedemnasty: Wgląd w modelowanie Całkowitej Międzyplanetowej Inteligencji Awionicznej (TIAI) dla inżynierii statków kosmicznych

Streszczenie

Dzisiejsza rasa ludzka poszerzyła zakres badań w przestrzeni kosmicznej, korzystając z zaawansowanych technologicznie precyzyjnych kalibracji przy użyciu łazików i statków kosmicznych, aby dotrzeć do nich na planetach takich jak Mars i Księżyc lub w pobliżu powierzchni planety, jak Saturn i Tytan, aby zbadać formy życia, inteligencję podobną do ludzkiej, wodę i ziemię, jak atmosfera i cywilizację inteligencji w głębokiej przestrzeni, badając gwiazdy i planety. Obawy związane z tym tematem pokazują, w jaki sposób możemy modelować pełnoprawne, samo-decydujące i samo-wielokrotne wsparcie sztucznej inteligencji i oparte na robotach statki kosmiczne o wysokiej trwałości dla badań w głębokich kosmosach i planetach we wszechświecie z wykorzystaniem koncepcji "Total Inter-planet Avionics Intelligence(TIAI)".

Słowa kluczowe: Awionika, Inżynieria Statków Kosmicznych, System Wielokrotnej Inteligencji, Całkowita Inteligencja Międzyplanetowa, TIAI.

Wprowadzenie

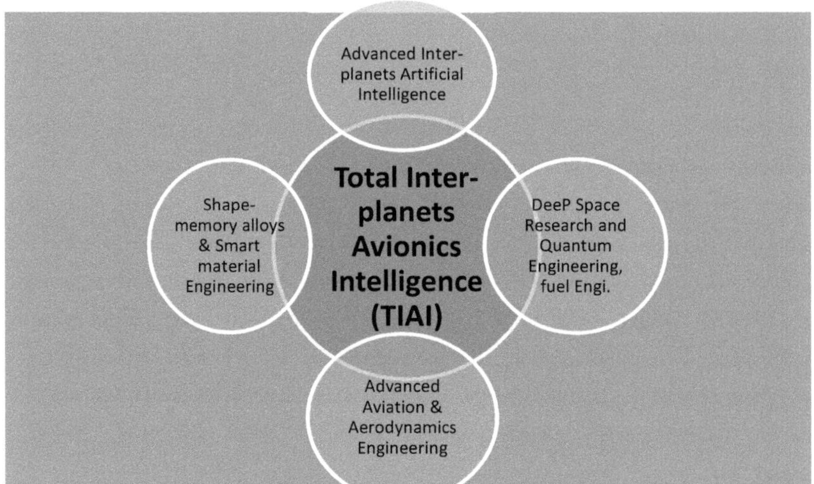

Źródło: Prof. (Dr.) Md. Sadique Shaikh

W powyższym modelu przedstawiłem fundamentalne działania inżynierskie mające na celu wdrożenie "Totalnej Międzyplanetarnej Inteligencji Awionicznej (TIAI)" w statkach kosmicznych, podobnie jak wdrożenie technologii sci-fi i obcych, takich jak funkcje w rzeczywistych warunkach przyszłej aerodynamiki i obiektów kosmiczno-dynamicznych. Założyłem, że będziemy musieli zapłacić za prawdziwe badania, analizy, projektowanie i inżynierię z zaawansowanymi technologicznie kształtami i cechami geometrycznymi obiektów latających z zaawansowanymi inteligentnymi materiałami i w związku z tym rozprowadziłem moje modelowanie dla TIAI w czterech domenach pod-modelowania jako "Zaawansowana Międzyplanetarna Sztuczna Inteligencja, Głębokie Badania Kosmiczne i Quantum Engineering & Fuel Engi". , Advanced Aviation and Aerodynamics Engineering and Shape Memory Alloys (SMAs) and Smart Materials Engineering". To moje zapewnienie, że kiedy w pełni nam się to udało we wszystkich tych subdomenach możemy zbudować inteligencję eksterytorialną i rasa ludzka zaczęła w niedalekiej przyszłości przestawiać się z cywilizacji typu 0 na typ 1 i typ 1 na typ 2, eksploatując latające obiekty TIAI wykorzystujące promieniowanie słoneczne, hel, neon, ciemną materię, antymaterię jako paliwo energetyczne o zbliżonej prędkości światła podróży kosmicznych. Wyeksponowałem w modelu co najwyżej musimy przeprowadzić analizę i inżynierię, aby zbudować zaawansowaną międzyplanetrową sztuczną inteligencję z badaniem klimatu, paliw energetycznych, natury, form życia, obcych form inteligencji w pobliżu planet i gwiazd, aby inżynier był w stanie utrzymać, komunikować się i interpretować w innych formach inteligencji obiekt latający. Kolejnym istotnym aspektem są głębokie badania przestrzeni kosmicznej oraz Quantum Engineering & Fuel Engineering dla podróży kosmicznych i czasowych oraz śledzenie, nawigacja i naprowadzanie w przestrzeni kosmicznej drogi/ścieżki planety docelowej w celu zbudowania takiej Awioniki w statkach kosmicznych z kontrolą prędkości, wykrywaniem ścieżek, zdolnością do samoczynnej zmiany wymiarów i wykorzystania zasobów kosmicznych jako paliwa energetycznego. Następny poziom inżynierii przyszłości to zaawansowana inżynieria lotnicza i aerodynamiczna wykorzystująca SMA i inteligentny materiał kosmiczny z samowymiarową inteligencją do wykrywania, uruchamiania i kontrolowania ciała obiektów latających w podróży kosmicznej. Innym ważnym aspektem jest zastosowanie stopów pamięci Shape (SMA) i inteligentnej inżynierii materiałowej, jak już wspomniałem, w celu zbudowania samokontroli, wyczuwalnego uruchamiania statków kosmicznych z wykorzystaniem zasobów kosmicznych jako paliwa.

Wniosek

W powyższym komunikacie przedstawiam swoją opinię na temat przyszłej inżynierii statków kosmicznych za pomocą świeżego terminu "Total Inter-planet Avionics Intelligence (TIAI)" z pomocą jego modelowania i czterech domen sub-modelowania. Intencją ukutego terminu TIAI są wszystkie przyszłe obiekty latające, a ich inteligencja ciała/geometrii człowiek będzie tylko inżynierem i wszystkie działania wykonywane przez statki kosmiczne tylko w trybie samodzielnym.

Odcinek osiemnasty: Modelowanie inhalacji w oparciu o A.I dla rozwoju zaawansowanych systemów podtrzymywania życia

Streszczenie

Obecny pomysł ma na celu skierowanie uwagi na zautomatyzowany, wysoce precyzyjny System Wspomagania Życia (LSS), a nie ręczny, wykorzystujący urządzenia wywiadu medycznego podczas leczenia i diagnozowania pacjenta, gdzie respirator, inhalator i kontrola oddechu są najważniejszym czynnikiem podczas operacji, operacji i w innych również medycznych sytuacjach awaryjnych, aby utrzymać właściwe nasycenie płuc pacjenta w celu podtrzymania jego życia. Ta praca daje nam pomysł, jak możemy zaprojektować Inhaler System oparty na A.I dla tego samego.

Słowa kluczowe

System Inhalator A.I, System Wspomagania Życia A.I, Roboty Medyczne, Roboty Chirurgiczne.

Modelowanie

Poniższy model przedstawia udaną inżynierię, w jaki sposób można zaprojektować i wdrożyć oparty na A.I Inhaler System Precyzyjnego Oddychania, aby utrzymać nasycenie ludzkiego układu oddechowego, możemy nawet nazwać go Sztuczną Inteligencją, Systemem Wspomagania Płuc lub Systemem Wspomagania Tlenu lub Systemem Wspomagania Oddychania, ale cel pozostaje ten sam.

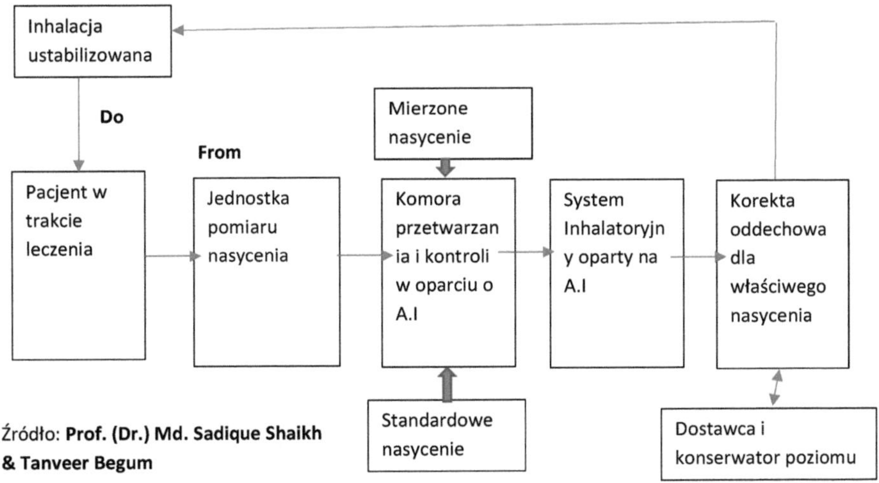

Źródło: **Prof. (Dr.) Md. Sadique Shaikh & Tanveer Begum**

Wyczuwane przez pacjenta parametry oddechowe i wejściowe są wysyłane do Jednostki Pomiaru Saturacji, która musi być wysoce skalibrowana i porównywana ze standardowym nasyceniem, aby znaleźć odchyłkę do wykrycia błędu i skorygowania, skąd ilość fizyczna jest podawana do komory przetwarzania i kontroli w oparciu o A.I z kontrolą czasu dla wsparcia decyzji dotyczących wdychania z wszystkimi analizami ekspertów i diagnozą, które generują elektroniczny raport oddechowy z niezbędnymi sygnałami czasowymi, przetwarzania i kontroli, aby otrzymać dalsze informacje wysyłane do opartego na A.I systemu Inhaler w celu podjęcia decyzji i ustalenia precyzyjnych parametrów oddechowych. Ten raport oparty na A.I. komorze przetwarzania i kontroli generuje na podstawie rzeczywistego nasycenia i wymaganych faktów i liczb nasycenia, które następnie przekazywane są do Respiratory Korekta dla jednostki właściwego nasycenia, która jest kaskadowo połączona z Dostawcą i Konserwatorem Poziomu

Tlenu i praca zintegrowana. Wreszcie stabilne sprzężenie zwrotne oddechowe dla pacjenta w celu przeżycia życia w stanie krytycznym.

Ograniczenie

Ograniczeniem zamierzonego modelu jest jego zapotrzebowanie na procesor Bionic lub DeepMind o wysokiej precyzji przetwarzania w celu opracowania elektronicznego raportu wywiadu medycznego. Dlatego też celowe badania zależą w dużej mierze od sukcesu procesorów Bionic i DeepMind, a po ich sukcesie - od wspomnianej formy technologii. Opracowanie i wdrożenie tak zaawansowanego Systemu Wspomagania Życia byłoby wielkim zwycięstwem nauk medycznych.

Wniosek

Ta część badań daje Ci pomysł, jak zaprojektować i wdrożyć precyzyjny, oparty na sztucznej inteligencji system Inhaler, który jest jednym z najbardziej obiecujących, potrzebujących i społecznych wymagań w zakresie ratowania życia pacjentów z doskonałym systemem podtrzymywania życia (LSS).

Podziękowanie

Głęboko doceniam tę pracę dla Safeeny Shaikh, moich kochających synów Md. Nameer Shaikh i Md. Shadaan Shaikh. Tak samo chcę wyrazić uznanie dla mojego wiecznie kochającego przyjaciela i współautora tej pracy, Tanveera Sayyeda, oraz dla słodkiej rodziny.

Referencje

1. NSF/WE Porozumienie w sprawie współpracy w dziedzinie technologii informatycznych - Strategiczne warsztaty badawcze IST-1999-12077

2. Md. Sadique Shaikh (2013) Analiza i modelowanie Silnego A.I do inżyniera BIONIC mózgu dla aplikacji robotyki humanoidalnej. American Journal of Embedded System and Applications, Published by Science Publishing Group; 1(2): 27-36.

3. Md. Sadique Shaikh (2017) Ultra Artificial Intelligence (UAI): Redefing AI jodła Nowy Wymiar Badawczy. Advanced Robotics & Automation (ARA), OMICS International, Londyn; 6(2) 1-3.

4. Md. Sadique Shaikh (2017) Fundamental Engineering for Brain-Computer Interfacing (BCI): Inicjatywa na rzecz urządzeń operacyjnych podsystemu "Neuron-Command". Biologia obliczeniowa i bioinformatyka (CBB), SciencePG; 5(4): 50-56.

5. Md. Sadique Shaikh (2018) Definiowanie ultra-artificial intelligence (UAI) implementation using bionic (biological-like-electronics) brain engineering insight. MOJ App Bio Biomech; 2(2): 127-128.

6. Panna Sadique Shaikh. Modelowanie Inteligencji Sztucznej do Cyborga. Arch Ind Engg: 1(1): 1- 5.

Odcinek Nineteen: Biznes w sztucznej inteligencji

Streszczenie

Nie ma potrzeby, aby zrozumieć, co to jest Sztuczna Inteligencja z jego znaczenia w dzień po dniu rozszerzenia i pokrycia we wszystkich potrzebach i zastosowań życia i jak jego zmiany wszystkich aspektów i scenariuszy na planecie Ziemia i może być w przestrzeni kosmicznej w najbliższej przyszłości, która jest sama inicjatywy uruchomić teraz. Dlatego napisałem ten artykuł z zamiarem, jakie są możliwości w najbliższej przyszłości dla zakresów biznesowych, wymagań rynku, potrzeb klientów/konsumentów, przyszłych form zatrudnienia, przyszłych umiejętności zatrudnienia dla przetrwania i przyszłego zatrudnienia w skrócie jest jednym z udanych Naukowiec, Praktyk, Edukator i na całym świecie Speaker w dziedzinie sztucznej inteligencji, który stworzył kilka nowych terminów badawczych przyszłości w A.I.

Słowa kluczowe

Future Business, Advanced A.I, Space Robotics, Virtual A.I, DeepMind, Bionic Brain, Medical Robotics, Humanoid, Virtual Robotics, Intelligence Devices.

Modelowanie

Istnieje wiele innych domen do pracy i rynku w sztucznej inteligencji, ale ja wybieram tylko kilka najbardziej obiecujących czynników zmiany i silnych graczy rynkowych w moim

Hexagonal Model poniżej. Są to: Bionic/DeepMind & Humanoid, Robotyka kosmiczna & Cyborgi, Robotyka konsumencka & NLP echo Devices/Assistance, Robotyka wojskowa & obronna, Medyczna & Nano Robotyka oraz Bionic, DeepMind & Humanoid.

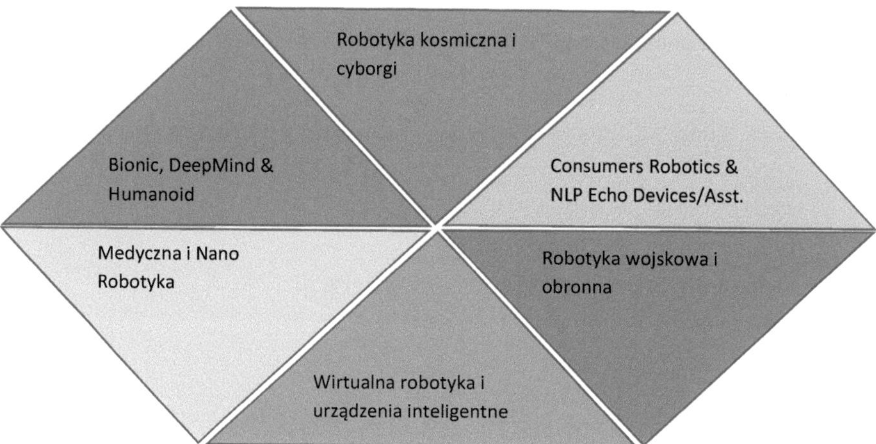

Rysunek: A.I Market Hexagonal, **Źródło:** Dr. Sadique Shaikh

Najszerszy zakres rynku to Bionic Brain (Human Brain like Neural Schemas and Processing), DeepMind learning oraz Humanoid (Human-like-Robots) inżynieria/projektowanie, produkcja i sprzedaż, jak również odpowiednie umiejętności zawodowe i zatrudnienie dla przyszłych miejsc pracy. Równy zakres i uwaga do robotyki kosmicznej i urządzeń Cyborg / elementów ludzkich, który już rozpoczął ludzką podróż i wkrótce technologie blisko do Księżyca i Marsa eksploracji i ma wielki rynek, a tym samym przyszłych miejsc pracy w tym samym. Robotyka konsumencka, NLP echo Urządzenia / Pomoc ma również zrównoważone przyszłe możliwości biznesowe i miejsca pracy po sukcesie Google Assistant, Amazon Alexa itp. i kilka smartfonów i podobnie urządzenia / produkty związane z Internetem przedmiotów (IoT), aby uczynić ludzkie życie łatwe, wygodne i lepsze każdego dnia, jak inteligentne kuchnie, inteligentne pojazdy, smartfony / urządzenia, inteligentne domy, urządzenia konsumenckie i tak dalej. A.I ma również wielką ekspansję w dziedzinie Robotów Wojskowych i Obronnych dla wysokiej klasy papierów wartościowych z ratowaniem życia żołnierzy, jak również Roboty Medyczne, Roboty

Chirurgiczne, Nano Roboty do diagnostyki wewnątrz ciała ma duży rynek i możliwości pracy. W tym wyścigu równy zakres, uwagę i rynek do rozwoju ludzkiego mózgu jak inteligencja oprogramowania zwanego wirtualnym humanoidem, który byłby niezależny od platformy sprzętowej w porównaniu do Windows, IOS , MAC i Android inteligencji i firm takich jak Google, Apple, Microsoft, Amazon będzie pracować w kierunku, który prowadzi do przyszłych umiejętności pracy i rynku.

Wniosek

Przyszłe zatrudnienie, przyszłe miejsca pracy i przyszłe umiejętności tylko w oparciu o dwie silne technologie Sztuczna Inteligencja (A.I) i Internet Rzeczy (IoT), aby połączyć wszystkie żywe nieożywione Inteligencja Naturalna i sztuczna inteligencja oparta na człowieku, przedmiotach, elementach i rzeczach w celu ustanowienia komunikacji, dowodzenia i przetwarzania do wykonania zadania.

Referencje

1. NSF/WE Porozumienie w sprawie współpracy w dziedzinie technologii informatycznych - Strategiczne warsztaty badawcze IST-1999-12077

2. Md. Sadique Shaikh (2013) Analiza i modelowanie Silnego A.I do inżyniera BIONIC mózgu dla aplikacji robotyki humanoidalnej. American Journal of Embedded System and Applications, Published by Science Publishing Group; 1(2): 27-36.

3. Md. Sadique Shaikh (2017) Ultra Artificial Intelligence (UAI): Redefing AI jodła Nowy Wymiar Badawczy. Advanced Robotics & Automation (ARA), OMICS International, Londyn; 6(2) 1-3.

4. Md. Sadique Shaikh (2017) Fundamental Engineering for Brain-Computer Interfacing (BCI): Inicjatywa na rzecz urządzeń operacyjnych podsystemu "Neuron-Command". Biologia obliczeniowa i bioinformatyka (CBB), SciencePG; 5(4): 50-56.

5. Md. Sadique Shaikh (2018) Definiowanie wdrożenia ultra sztucznej inteligencji (UAI) z wykorzystaniem wglądu w inżynierię mózgu z wykorzystaniem bionicznych (biologiczno-podobnych urządzeń elektronicznych). MOJ App Bio Biomech; 2(2): 127-128.

6. Panna Sadique Shaikh. Modelowanie Inteligencji Sztucznej do Cyborga. Arch Ind Engg: 1(1): 1- 5.

Odcinek dwudziesty: Sztuczna Inteligencja: Inteligentne przejście ludzkości do przejścia od typu 0 do typu 1/2 Cywilizacja we wszechświecie

Streszczenie

Sztuczną Inteligencję zdefiniowałem abstrakcyjnie, ale bardzo precyzyjnie, jako jej zdolności przetwarzania ludzkiego mózgu naśladujące w chipach elektronicznych to, co możliwe dla ludzkiego mózgu w ostatnich dekadach, obecnie i w przyszłości posiadające wszystkie potencjały. Jak na moją zgodę, jak widzę każdy dzień wzrostu sztucznej inteligencji około 2030 roku ponad niż Ludzkiej Inteligencji Naturalnej z samokontroli, samo-myślenia, samo-programowania i aktualizacji, samo-decydowania samo-zarządzanie, które byłoby również szkodliwe dla ludzkiej cywilizacji, ale w przeciwieństwie do tego również przydatne do zmiany, jeśli ludzkie przyjazne A.I rasa ludzka od typu 0 do typu 1/2 cywilizacja z idealną równowagą człowieka i maszyn dla kolonii kosmicznych, eksploracje kosmiczne, alternatywne źródła energii z kosmosu, ultra szybkie transporty, skolonizowane na inne planety jak Mars i Księżyc, nieśmiertelność życia ludzkiego, długie życie rok, mniej/nie starzenie się wpływ na ludzki mózg/ciało, kontrola nad wszystkimi chorobami, szybkie gojenie i odzyskiwanie ran i tak dalej, jak omówiono w tym fragmencie komunikacji.

Słowo kluczowe

Rasa ludzka, cywilizacja typu 0/1/2, zaawansowany A.I, Humanoid, DeepMind, Robotyka Kosmiczna, Bioniczny Mózg, UAI, SAI, Cyborg.

Wprowadzenie

Cywilizacja typu 0 jest kategorią, w której znajdujemy się obecnie, jednak już wkrótce staniemy się zdolni do przeniesienia naszej cywilizacji ludzkiej z cywilizacji typu 0 do cywilizacji typu 1/2. Cywilizacja typu 0 to te inteligentne cywilizacje we wszechświecie, w których wszystkie inteligentne formy życia, istoty żyją tylko w ograniczonym stopniu we wszechświecie, generują i używają wszystkie formy energii z dostępnych konwencjonalnych źródeł, takich jak paliwa, chemikalia, ropa naftowa, gazy i elektryczność, w krótkim czasie używają wszystkie dostępne źródła energii swojej planety i nie są w stanie złapać żadnego z kosmosu i wszechświata, gdzie obecnie nieco ludzkość przeniosła się, aby produkować i używać energię z gwiazdy energetycznej Słońca, ale ciągle ograniczoną. Prędkość transportu i przetwarzania inteligencji ludzkości jest powolna lub średnia, technologie komunikacyjne są ograniczone tylko na planecie Ziemia i w pobliżu stacji kosmicznych i satelitów i nie tak doskonałe dla głębokiej przestrzeni kosmicznej i mlecznej sposobów i kilka razy bariery komunikacyjne stąd nie jest również natychmiastowe. Ale to wszystko poprawia się z dnia na dzień z pomocą Sztucznej Inteligencji i Internetu Rzeczy, takich jak technologie komunikacyjne, które wkrótce zamienią ludzkość w cywilizację typu 1 z trzymaniem DeepMind, Bionic Brain, Humanoidów, rzeczy inteligencji i gadżetów, Super A.I, Ultra A.I, itp. Jako Ludzkość wprowadzona do cywilizacji typu 1 lub później typu 2 są oni w stanie natychmiast komunikować się nie tylko na planecie Ziemia, ale także na innych planetach wszechświata (jeśli istnieje inteligentne życie), zdolni do kolonizacji na innych planetach i przestrzeni, zdolni do badania i komunikowania się z Obcymi inteligentnego życia wszechświata, zdolni do badania, generowania i wykorzystywania 90% form energii ze źródeł energii w głębi kosmosu, z gwiazd energetycznych, księżyców, helu, neonów, antymaterii, ciemnej materii, białych dziur i czarnych dziur. Jest to również możliwe przy użyciu zaawansowanych systemów komunikacji i sztucznej inteligencji Podróż w czasie możliwa dla ludzkości i zdolna do podróżowania wstecz i do przodu w latach świetlnych od teraźniejszości do przeszłości i od teraźniejszości do przyszłości z wykorzystaniem czasu kosmicznego jak maszyna czasu lub teleportacja. Używając A.I Hybrid Human and Cyborg Human nie musi używać naszych konwencjonalnych języków, a zamiast tego bezpośrednia komunikacja pomiędzy mózgiem a mózgiem może być możliwa dzięki łączom neuronowym, jak również danych/myśleń/informacji/myślenia/emocji/relacji/uczuć z jednego mózgu do drugiego możliwe do odczytania/zapisania z dużą prędkością. Używając zaawansowanego A.I wszystkie żywe i nieożywione przedmioty, elementy, rzeczy, gadżety, urządzenia, wszystkie stworzenia z A.I zamontować dostępne i zdolne do komunikacji na całej planecie Ziemi i przestrzeni, jak również za pomocą Internetu Rzeczy (IoT) , A.I Chips, USN i RFID. Rozpocznie się komunikacja i relacje człowiek - Aliens. Statki kosmiczne o bardzo dużych prędkościach, statki kosmiczne, drony i wahadłowce będą przystosowane do podróży kosmicznych i dotarcia do i skolonizowania innych planet za pomocą transportu kosmicznego lub teleportacji. Życie ludzkie stanie się nieśmiertelne dzięki operacjom z zakresu robotyki, diagnostyki, operacji, implantacji organów na bazie A.I, drukowania i wymiany organów ludzkich, inteligencji cyborgów z autodiagnozą, technologiom samouzdrawiania i samoregeneracji urazów/ranień. A zatem wszystko co możliwe dzięki zaawansowanym technologiom A.I, IoT, Online Dynamic Databases Server Technologies i dowody na przyszły sukces są żywymi przykładami obecnego stanu A.I jak Ultra Artificial Intelligence, Bionic Brain, Humanoid, Super A.I, Strong A.I, DeepMind Learning, Space Robotics, Medical Robotics, Navigation Robotics, NLP, Machine Vision i Virtual Robotics, Virtual Reality, Augmented Reality.

Wprowadzenie do cywilizacji

Osiągnęliśmy punkt zwrotny w społeczeństwie. Według znanego fizyka teoretycznego Michio Kaku, następne 100 lat nauki zadecyduje o tym, czy zginiemy, czy będziemy się rozwijać. Czy pozostaniemy cywilizacją typu 0, czy też awansujemy i wejdziemy do gwiazd?

Eksperci twierdzą, że w miarę jak cywilizacja będzie się powiększać i stawać się coraz bardziej zaawansowana, jej zapotrzebowanie na energię będzie gwałtownie wzrastać ze względu na wzrost liczby ludności i zapotrzebowanie na energię różnych maszyn. Mając to na uwadze, skala Kardaszewa została opracowana jako sposób pomiaru zaawansowania technologicznego cywilizacji w oparciu o ilość energii użytkowej, którą dysponuje (pierwotnie była ona związana z energią dostępną dla komunikacji, ale od tego czasu została rozszerzona).

Skala Kardaszewa jest metodą pomiaru poziomu zaawansowania technologicznego cywilizacji w oparciu o ilość energii, którą jest ona w stanie wykorzystać. Środek ten został zaproponowany przez sowieckiego astronoma Mikołaja Kardaszewa w 1964 roku. Skala posiada trzy wyznaczone kategorie:

Cywilizacja typu I - zwana również **cywilizacją planetarną - może** wykorzystywać i przechowywać całą energię dostępną na swojej planecie.

Planeta lub cywilizacja typu I jest w stanie pochłonąć całą przychodzącą energię z sąsiedniej gwiazdy, lub około 1017 watów dla Ziemi.

Cywilizacja planetarna lub globalna to cywilizacja typu I w skali Kardaszewa, o poziomie zużycia energii zbliżonym do współczesnego poziomu cywilizacji ziemskiej, o zdolności energetycznej odpowiadającej nasłonecznieniu Ziemi (pomiędzy 1016 a 1017 watów). W aspekcie społecznym - światowe, globalne, coraz bardziej wzajemnie powiązane, międzynarodowe, wysoce technologiczne społeczeństwo.

Oznaczenie typu I jest nadawane gatunkom, które były w stanie wykorzystać całą energię dostępną z sąsiedniej gwiazdy, zbierając ją i przechowując w celu zaspokojenia zapotrzebowania na energię rosnącej populacji. Oznacza to, że aby osiągnąć ten status, musielibyśmy zwiększyć naszą obecną produkcję energii ponad 100 000 razy. Jednakże, zdolność do wykorzystania całej energii Ziemi oznaczałaby również, że moglibyśmy mieć kontrolę nad wszystkimi siłami natury. Ludzie mogliby kontrolować wulkany, pogodę, a nawet trzęsienia ziemi! (Przynajmniej taka jest idea.) Trudno uwierzyć w tego rodzaju wyczyny, ale w porównaniu z postępami, które mogą jeszcze nastąpić, są to tylko podstawowe i prymitywne poziomy kontroli (to absolutnie nic w porównaniu z możliwościami społeczeństw o wyższych rangach).

Cywilizacja typu II - zwana też **cywilizacją gwiezdną - może** wykorzystywać i kontrolować energię w skali swojego układu słonecznego.

cywilizacja typu II - może wykorzystać moc całej swojej gwiazdy (nie tylko przekształcając światło w energię, ale kontrolując ją). W tym celu zaproponowano kilka metod. Najpopularniejsza z nich to hipotetyczna "Sfera Dysona". Urządzenie to, jeśli chcesz je tak nazwać, obejmowałoby każdy centymetr gwiazdy, gromadząc większość (jeśli nie wszystkie) jej energii wyjściowej i przekazując ją na planetę do późniejszego wykorzystania. Alternatywnie, gdyby siła syntezy jądrowej (mechanizm, który zasila gwiazdy) została opanowana przez rasę, reaktor na naprawdę ogromną skalę mógłby zostać wykorzystany do zaspokojenia ich potrzeb. Znajdujące się w pobliżu gazowe giganty mogą być wykorzystywane do produkcji wodoru, powoli odprowadzanego z życia przez orbitujący reaktor.

Co oznaczałoby tyle energii dla danego gatunku? Cóż, nic, co zna nauka, nie może zniszczyć cywilizacji typu II. Weźmy na przykład, jeśli ludzie przeżyliby wystarczająco długo, aby osiągnąć ten status, a obiekt wielkości księżyca wszedł do naszego układu słonecznego na kursie kolizyjnym z naszą małą niebieską planetą - mielibyśmy możliwość wyparowania go z istnienia. Albo gdybyśmy mieli czas, moglibyśmy przesunąć naszą planetę z drogi, całkowicie jej unikając. Ale powiedzmy, że nie chcieliśmy przenieść Ziemi... czy są inne opcje? No tak, bo mielibyśmy możliwość przenieść Jowisza, lub inną planetę, którą wybraliśmy, na drogę - całkiem fajną, prawda?

Cywilizacja typu III - zwana także **cywilizacją galaktyczną - może** kontrolować energię w skali całej galaktyki, w której się znajduje.

Typ III, gdzie gatunek staje się wtedy galaktycznym trawerserem posiadającym wiedzę o wszystkim, co ma wspólnego z energią, co powoduje, że staje się rasą mistrzowską. Jeśli chodzi o człowieka, setki tysięcy lat ewolucji - zarówno biologicznej, jak i mechanicznej - może spowodować, że mieszkańcy tej cywilizacji typu III będą niezwykle różni od znanej nam rasy ludzkiej. Mogą to być cyborgi (lub cybernetyczne organizmy, istoty zarówno biologiczne jak i zrobotyzowane), przy czym potomkowie zwykłych ludzi są podgatunkiem wśród obecnie wysoko rozwiniętych społeczeństw. Ci całkowicie biologiczni ludzie byliby prawdopodobnie postrzegani jako niepełnosprawni, gorsi lub nierozwiązani przez ich cybernetyczne odpowiedniki.

Na tym etapie rozwinęlibyśmy kolonie robotów, które są zdolne do "samoreplikacji"; ich populacja może wzrosnąć do milionów, ponieważ rozprzestrzeniają się w całej galaktyce, kolonizując gwiazdy za gwiazdami. Istota ta może zbudować Sferę Dysona, aby objąć każdą z nich, tworząc ogromną sieć, która będzie przenosić energię z powrotem na rodzimą planetę. Jednak rozciągnięcie się na galaktykę w taki sposób napotkałoby na kilka problemów; mianowicie gatunek ten byłby ograniczony przez prawa fizyki. W szczególności lekkie prędkości jazdy. Oznacza to, że jeśli nie rozwiną działającego napędu warp lub nie wykorzystają tej nieskazitelnej pamięci podręcznej do opanowania teleportacji w tunelu (dwie rzeczy, które na razie pozostają teoretyczne), mogą dotrzeć tylko tak daleko.

Skala jest hipotetyczna i dotyczy zużycia energii w skali kosmicznej. Od tego czasu zaproponowano różne rozszerzenia skali, w tym szerszy zakres poziomów mocy (typy 0, IV do VI) oraz zastosowanie innych wskaźników niż czysta moc.

Kardaszew uważał, że cywilizacja typu IV jest "zbyt" zaawansowana i nie wyszła poza typ III w swojej skali. Myślał, że na pewno taki będzie zakres zdolności każdego gatunku. Wielu tak sądzi, ale niektórzy uważają, że istnieje jeszcze jeden poziom, który można by osiągnąć. (To znaczy, czyżby istniała jakaś granica?) Cywilizacje typu IV byłyby w stanie niemalże wykorzystać zawartość energetyczną całego wszechświata i dzięki temu mogłyby przemierzyć przyspieszającą ekspansję przestrzeni (ponadto zaawansowane rasy tych gatunków mogą żyć wewnątrz supermasywnych czarnych dziur). Do poprzednich metod wytwarzania energii, tego typu wyczyny uważane są za niemożliwe. Cywilizacja typu IV musiałaby sięgać do nieznanych nam źródeł energii używając dziwnych, lub obecnie nieznanych, praw fizyki.

Typ V. Tak, typ V może być kolejnym możliwym awansem do takiej cywilizacji. Tutaj istoty byłyby jak bogowie, posiadające wiedzę pozwalającą im manipulować wszechświatem tak jak chcą. Jak już mówiłem, ludzie są bardzo, bardzo dalecy od osiągnięcia czegoś takiego. Ale nie znaczy to, że nie da się tego osiągnąć tak długo, jak będziemy dbać o Ziemię i siebie nawzajem. Aby to zrobić, pierwszym krokiem jest zachowanie naszego malutkiego domu, wygaszenie wojny i dalsze wspieranie postępu naukowego i odkryć.

Wniosek

Sztuczna Inteligencja nie tylko jest źródłem, dzięki któremu ludzkość żyje w sposób zaawansowany, szybki, precyzyjny, wygodny, wirtualny i błyskawiczny, ale również pomaga nam zmieniać naszą tożsamość w tym Wszechświecie, przenosząc nas technologicznie z typu 0 do typu I (cywilizacja planetarna), typu II (cywilizacja gwiezdna), typu III (cywilizacja galaktyczna) i tak dalej. Ta praca w jasny sposób pokazuje, w jaki sposób A.I jest witalem dla ludzkości i jak cywilizacja będzie rozwijać się w najbliższej przyszłości dzięki kolejnym poziomom badań A.I.

Referencje

1. NSF/WE Porozumienie w sprawie współpracy w dziedzinie technologii informatycznych - Strategiczne warsztaty badawcze IST-1999-12077

2. Md. Sadique Shaikh (2013) Analiza i modelowanie Silnego A.I do inżyniera BIONIC mózgu dla aplikacji robotyki humanoidalnej. American Journal of Embedded System and Applications, Published by Science Publishing Group; 1(2): 27-36.

3. Md. Sadique Shaikh (2017) Ultra Artificial Intelligence (UAI): Redefing AI jodła Nowy Wymiar Badawczy. Advanced Robotics & Automation (ARA), OMICS International, Londyn; 6(2) 1-3.

4. Md. Sadique Shaikh (2017) Fundamental Engineering for Brain-Computer Interfacing (BCI): Inicjatywa na rzecz urządzeń operacyjnych podsystemu "Neuron-Command". Biologia obliczeniowa i bioinformatyka (CBB), SciencePG; 5(4): 50-56.

5. Md. Sadique Shaikh (2018) Definiowanie wdrożenia ultra sztucznej inteligencji (UAI) z wykorzystaniem wglądu w inżynierię mózgu z wykorzystaniem bionicznych (biologiczno-podobnych urządzeń elektronicznych). MOJ App Bio Biomech; 2(2): 127-128.

6. Panna Sadique Shaikh. Modelowanie Inteligencji Sztucznej do Cyborga. Arch Ind Engg: 1(1): 1- 5.

Odcinek dwudziesty jeden: Definiowanie sztucznej inteligencji kwantowej (Q.A.I)

Streszczenie

Jak już wiedzieliśmy Sztuczna Inteligencja (A.I) jest naśladownictwem Inteligencji Naturalnej (N.I) Ludzkiego Mózgu na Krzemowych Układy, które mają wszystkie przetwarzania inteligencji tak podobne i możliwe dla ludzkiego mózgu z samodecydowania, samokontroli, autoprogramów, samo-myślenia z zarządzaniem czasem. Dzięki postępowi w A.I. każdego dnia ludzkość staje się wygodna, szybka, inteligentna i odnosi sukcesy, a te rzeczy, które wydają się niemożliwe, zaczynają być możliwe od przeszłości do teraźniejszości we wszystkich dziedzinach życia. Teraz skupmy naszą uwagę na Naturalnej Inteligencji (stworzonej przez Boga) ludzkości i innych inteligentnych gatunków na planecie Ziemi. Kiedy szczerze obserwujemy, widzimy największą "**powszechność**" we wzorze i strukturze Wszechświata, Superklastry, Grzmoty, Żyły, Tętnice, Korzenie, Gałęzie, Morze i "**Neurony-Schematy**" ludzkiego mózgu i jest to punkt ponownego przemyślenia nowych wymiarów eksploracji w Naturalnej Inteligencji (stworzonej przez Boga) do zastosowania z reengineeringiem i modyfikacją do naśladowania Sztucznej Inteligencji (stworzonej przez człowieka) na podstawie tych ustaleń, które stworzyłem jako "**Kwantowa Sztuczna Inteligencja (Q.A.I)**".

Słowa kluczowe

Inteligencja Naturalna (N.I), Sztuczna Inteligencja (A.I), Quantum Natural Intelligence (Q.N.I), Quantum Artificial Intelligence (Q.A.I).

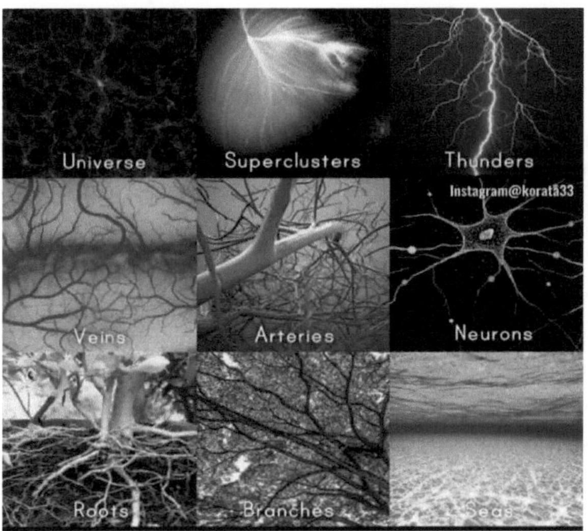

Wprowadzenie

Jak już wspomniałem analogicznie do wzorca naszego Wszechświata, Superklustry i Neuronowe Maski Ludzkiego Mózgu są takie same. Dlatego też nie tylko transmisje i odbiór sygnałów do przetwarzania Inteligencji są takie same, ale również charakter (format) sygnałów Inteligencji jest taki sam, czyli Quanta (Światło). Cały Wszechświat jest mieszaniną światła i ciemnych energii i materii jako jego elementów składowych, dlatego wszystkie żywe / nieożywione istoty, przedmioty, bytów, elementów, zdarzeń, pozorów, złudzeń albo wykonane z tych samych elementów składowych lub zrodzone przy użyciu tych samych elementów składowych światła o różnych częstotliwościach do izolacji i dlatego również ludzki mózg. Na podstawie dostępnych wyników badań i z mojej perspektywy Wszechświat i każdy mózg ludzki są bezpośrednio połączone i łączą się w górę/dół z częstotliwością światła i mechaniką kwantową również zaangażowane, aby to udowodnić. Nasze Myśli są Rzeczy, nasze postrzeganie i formułowanie do życia i Wszechświata również z powodu tego samego się stało, a więc to, co wszystko, co czujemy fizycznie w rzeczywistym "wirtualne" i są kwantowe obrazy, ramy, obrazy lub iluzje częstotliwości naszych myśli przed pojawieniem się naszych oczu do rozwoju, struktury i wzmocnienia naszej inteligencji zwanej mądrości też. Stąd też Naturalna Inteligencja składa się z form energii świetlnej i różnych dostrojonych częstotliwości (zgodnie z teorią Stingsa) nazywanych "Kwantową Naturalną Inteligencją (Q.N.I)" i kiedy po pełnym zrozumieniu i oczyszczeniu w Q.N.I będziemy w stanie naśladować ją sztucznie nazywaną "Kwantową Sztuczną Inteligencją (Q.A.I)". koncepcja w niniejszym dokumencie zamiast Chipsów Krzemowych lub Elektronicznej Sztucznej Inteligencji, A.Inżynieria z wykorzystaniem form świetlnych, obwodów sygnałów świetlnych lub Obwodów Kwantowych, które są właściwym i precyzyjnym połączeniem różnych długości fal i częstotliwości światła (Kwanty/ Fotony) z zachowaniem się jak fale (świetlne szyny danych) i cząsteczki (Sygnały) dla świetlnych szyn danych i sygnałów w celu sformułowania logiki przetwarzania i tworzenia Sztucznej Inteligencji z wykorzystaniem światła. W ludzkości w przyszłości rozwijać takie światło, które wydaje się być tylko promieniowaniem, ale w rzeczywistości skomplikowanej inżynierii światła przy użyciu fal świetlnych i cząstek (Kwanty) w miliardach Kwantów i działa jako kompletny Quantum Artificial Intelligence (Q.A.I) oparte zespół robota, aby wygrać świat, Wszechświat i Multiverse.

Wniosek

Jeśli w najbliższej przyszłości naukowcy i badacze, którzy są w stanie zrozumieć to, co staram się podzielić jako największy fakt Wszechświata i Mózgu Ludzkiego, że wszystkie mózgi bezpośrednio związane z częstotliwością światła z całym Wszechświatem i strukturą Wszechświata, Superklastery i Neuronowe Maski Mózgu Ludzkiego są takie same, jak również przetwarzanie inteligencji również za pomocą koncepcji i zasad fizyki kwantowej i Mechaniki Kwantowej. Dlatego na tej podstawie Mózg ludzki jest Quantum Natural Intelligence (Q.N.I) i wszystkie sformułowania w mózgu życia i wszechświata dzięki inteligencji światła. Po zrozumieniu tego zjawiska Q.N.I naukowiec i inżynierowie mogą przenieść się do inżynierii "Quantum Artificial Intelligence (Q.A.I), które byłyby tylko pozory wiązek światła i wiązek z różnych świateł kolorowych o różnej długości fali ograniczony w jednym miejscu, ale w rzeczywistości byłoby to roboty kosmiczne, statki kosmiczne i źródeł transportu i tak dalej. Stąd ta inteligentna forma światła może wysyłać/przekazywać z prędkością światła natychmiastowe podróże w czasie i przestrzeni we Wszechświecie, aby badać inne planety, galaktyki, superklastry, gwiazdy, a także aby udowodnić koncepcję "Wielorakich (równoległych uniwersytetów)". Inteligencja ludzka jako Kwantowa Inteligencja Naturalna (Q.N.I) i jej mimiczna Sztuczna Inteligencja jako Kwantowa Sztuczna Inteligencja (Q.A.I) staną się dokładnie takie same, dlatego bezpośrednie połączenie pomiędzy ludzkością i wszystkimi robotami będzie możliwe bez kodowania, dekodowania i interfejsów do komunikacji z inteligentnym przetwarzaniem, konwersją, tłumaczeniem i uruchamianiem sygnałów. Stąd Q.A.I jest niczym innym jak formą światła Ultra Artificial Intelligence (lekka A.I oparta na robotyce) i może być takich kilka Q.A.I robotów, statków kosmicznych, obiektów i życia Obcych już istnieją w całym Wszechświecie i Multiverse i jesteśmy otoczeni nimi, i że to, co po prostu uważamy lub myślimy jako światło lub promieniowania, ale nie jest.

Referencje

1. NSF/EC Understanding on Co-operation in Information Technologies -Strategic Research Workshops IST-1999-12077.
2. Md. Sadique Shaikh (2013) Analiza i modelowanie Silnej SI do inżyniera BIONIC mózgu do zastosowań w robotyce humanoidalnej. American Journal of Embedded System and Applications, Published by Science Publishing Group 1(2): 27-36.
3. Sadique Shaikh (2017) Ultra Artificial Intelligence (UAI): Redefing AI jodła Nowy Wymiar Badawczy. Advanced Robotics & Automation (ARA), OMICS International, Londyn 6(2): 1-3.

4. Sadique Shaikh (2017) Fundamental Engineering for Brain-Computer Interfacing (BCI): Inicjatywa na rzecz urządzeń operacyjnych podsystemu "Neuron-Command". Biologia obliczeniowa i bioinformatyka (CBB). SciencePG 5(4): 50-56.
5. Sadique Shaikh (2018) Definiowanie ultra-artificial intelligence (UAI) implementation using bionic (biological-like-electronics) brain engineering insight. MOJ App Bio Biomech 2(2): 127-128.
6. Sadique Shaikh Md (2008) Insight Artificial to Cyborg Intelligence Modeling. Arch Ind Enggl(1): 1- 5.

Odcinek 22: Sztuczna inteligencja i wyjątkowość w Horyzoncie Przyszłości

Interakcja:

Pojęcie technicznej wyjątkowości lub po prostu wyjątkowości samo w sobie jest bardzo niejednoznaczne, ponieważ kilka pism, postulatów, teorii i hipotez, ale obawa tych wszystkich ponownie dotrzeć do tej samej wyjątkowości wniosku jest wyjątkowość pojawiła się w najbliższej przyszłości z włączeniem mojej konkluzji na podstawie prawa powrotu przyspieszenia technologicznego. Przedtem, aby wyjaśnić, zapoznajmy się z prawem Nanotechnoly i Moore'a: "wielkość liczby tranzystorów zmniejsza się wraz ze wzrostem gęstości liczby tranzystorów na układzie krzemowym wraz z odpowiednim rokiem i czasem". Stąd co roku "nielegalna i inteligentna miniaturyzacja urządzeń". Dlatego też podziały stają się coraz bardziej inteligentne, oparte na sztucznej inteligencji, samo-programowalne, samokontrolujące się, samo-decydujące o wysokim stopniu zagęszczenia. Od tego momentu nastąpił postęp w Nanotechnologii z miniaturyzacją układów elektronicznych z oferowaniem doskonałych platform opartych na sztucznej inteligencji sprzętowej (AI) wspomaganej oprogramowaniem we wszystkich dyscyplinach i wszystkich dziedzinach ludzkiego życia dla wszystkich celów domowych, przemysłowych, naukowych, medycznych, chirurgicznych, wojskowych, konsumenckich, biznesowych i związanych z przestrzenią kosmiczną, chociaż ludzkość jedynie myśląc o korzyściach z całego tego postępu technologicznego w tym samym czasie w ukryciu lub nieświadomie powstała sama nazwa "Osobliwość", choć wszyscy rozpoczęliśmy naszą dyskusję na jej temat bardzo szybko. Pojęcie "wyjątkowości", jak możemy przyjąć sytuację lub hipotetyczną przyszłość w czasie, gdy rozwój sztucznej inteligencji staje się niekontrolowany i nieodwracalny, co powoduje niezgłębione zmiany w ludzkiej cywilizacji i rasie. Termin ten pojawił się po raz pierwszy w 1993 r. i przewidywał wyjątkowość nie wcześniej niż w 2005 r., a także nie później niż po 2030 r., zgodnie z przewidywaniami kilku ekspertów w tej dziedzinie. A powołując się na szybki postęp w dziedzinie sztucznej inteligencji (zarówno sprzętowej, jak i programowej), nawet ja stworzyłem, opracowałem i postawiłem hipotezy dotyczące kilku teorii, projektów i modeli roboczych, które możemy uznać za "Osobliwość blisko". W niedalekiej przyszłości ludzkość zaprojektuje i zbuduje tak zaawansowane A.I., że nie będzie w stanie sama przetworzyć ludzkiego mózgu, z którego się wywodziła. Te oparte na sztucznej inteligencji gadżety, roboty, humanoidy, organy cyborgów, komputery, roboty kosmiczne, roboty transportujące wszystkie środki sztucznej inteligencji dla wszystkich prac staną się ekstremalnie zaawansowane, samoprogramujące się, samokontroli, które są równie przydatne i szkodliwe dla ludzkości i rasy ludzkiej i rozwoju na planecie Ziemia i na orbitach w pobliżu przestrzeni kosmicznej, jeśli te urządzenia zaczynają "Robotics przemocy lub AI przemocy" i traktować ludzkość swoich wrogów i chcą zniszczyć tożsamość ludzkości, aby wykluczyć na planecie z autoprogramów po prostu nazwał go "Błąd Systemowy 1378" lub szkodliwe AI dla ludzkiej cywilizacji i kiedy technologie AI weszła w takiej epoce weszliśmy w "Singularity" i ludzka technologia stanie się powodem do zniszczenia ludzkości. Nawet jeśli przeczytałeś moją książkę "Next Level Vision in Artificial Intelligence" szczerze i z pełną interpretacją w swoim umyśle oznacza to, że przeszedłeś przez kilka obecnych i przyszłych możliwości w AI od Super AI, Ultra AI do Bionic Brain, Space Robotics, Humanoid, Medical Robotics, Roboty biologiczne do "Wirtualnej robotyki humanoidalnej (VHR)" i ostatecznie ukułem zaawansowany termin "Kwantowa sztuczna inteligencja (QAI)", gdzie inteligencja inżynieryjne światło/promieniowanie zachowuje się jak roboty, roboty wieloformatowe lub anomalie robotyczne, gdzie wnioskuję "Wyjątkowość wystąpiła w AI", gdzie sztuczna inteligencja w postaci tylko światła, całkowicie wirtualne, całkowicie samo-programowalne i samokontrolowane. W końcu zostawiłem ci jeden z moich modeli "Now-Near-Future Singularity Model", aby dać ci bliską ekspozycję przyszłej technologii z prawem powrotu przyspieszenia dla wykładniczego wzrostu, który wystąpił z wielokrotnym fałdem w porównaniu do ludzkiej wyobraźni. Znaczy to, co ludzkość przewiduje, że wzrośnie on kilka razy bardziej zaawansowany i może być szkodliwy dla rasy ludzkiej.

Nowo-przyszłościowy model osobliwości:

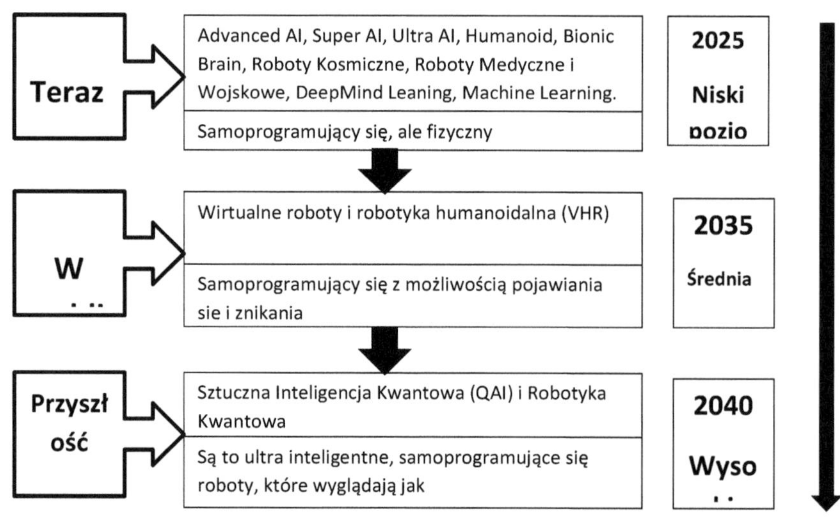

Źródło: Prof. (Dr.) Md. Sadique Shaikh

Teraz w codziennym życiu widzimy potwierdzenie wiadomości i technicznych dowodów i sukcesów w Advanced AI, Super AI, Ultra AI, Humanoid, Bionic Brain, roboty kosmiczne, medyczne i wojskowe, DeepMind Learning, Machine Learning wykładniczo i od **teraz** do nadchodzącego sześciolecia ludzkość zdała sobie sprawę z niskiej wyjątkowości z zaawansowaniem tych technologii AI około roku 2025 z samo-programowalnych fizycznych robotów z samokontroli i zdolności podejmowania decyzji. Podczas gdy **około** 2035 roku praktycy SI, naukowcy i inżynierowie staną się zdolni do nadawania umiejętności "pojawiania się i znikania" wszystkim robotom, specjalnie humanoidalnym, zwanym Wirtualną Robotyką Humanoidalną (VHR), z samoprogramującymi się robotami fizycznymi, które posiadają zdolności samokontroli i podejmowania decyzji. A z powodu zdolności "Pojawienia się i Zniknięcia" stają się one bardziej szkodliwe dla ludzkości i ludzkość odczuwa średnią osobliwość. W **przyszłości** około 2040 roku powstanie Quantum Artificial Intelligence (QAI) i Quantum Robotics, które są ultra inteligentnymi, samoprogramującymi się robotami, które wyglądają jak światła/promieniowanie i człowiek nie jest w stanie przewidzieć promieniowania/światła przed swoimi oczami ani zwykłego światła, ani też Quantum Robots w postaci światła inteligencji i mogą być najbardziej szkodliwe dla ludzkości, jeśli staną się agresywne i wystąpi w tym czasie wysoka osobliwość. Nawet jeśli w Future roboty i AI nie są szkodliwe i przyjazne dla ludzkości, ale inna biologiczna strona staje się poważną przyczyną szkody dla ludzkości. Ze względu na wysoką robotykę i zautomatyzowany świat nie pozostało człowiekowi ani jedno zadanie, ani jeden proces, dlatego też nie wykorzystano części ciała, z powodu których ludzkie DNA przeprojektowano na nowo, usuwając te części ciała, które z natury są z pokolenia na pokolenie nieużywane od dawna. Stąd tylko mózgi pozostawione na planecie Ziemia z zaginionym ciałem lub częściami ciała, które nie są w użyciu z powodu zaawansowanej SI i robotyki na przyszłym horyzoncie.

yes

I want morebooks!

Buy your books fast and straightforward online - at one of world's fastest growing online book stores! Environmentally sound due to Print-on-Demand technologies.

Buy your books online at

www.morebooks.shop

Kaufen Sie Ihre Bücher schnell und unkompliziert online – auf einer der am schnellsten wachsenden Buchhandelsplattformen weltweit! Dank Print-On-Demand umwelt- und ressourcenschonend produzi ert.

Bücher schneller online kaufen

www.morebooks.shop

KS OmniScriptum Publishing
Brivibas gatve 197
LV-1039 Riga, Latvia
Telefax: +371 686 204 55

info@omniscriptum.com
www.omniscriptum.com

Printed by Books on Demand GmbH, Norderstedt / Germany